IGLESIA

SAL Y LUZ DE LAS NACIONES

La Misión Transcultural de la Iglesia

Bernardo Campos

Ediciones Sinaí

Bernardo Campos

IGLESIA, SAL Y LUZ DE LAS NACIONES

La Misión Transcultural de la Iglesia

Ediciones Sinaí

© 2018 Bernardo Campos / Iglesia, Sal y Luz de las Naciones

© 2018 Ediciones Sinai
Primera Edición: 1,500 ejemplares
ISBN: 13: 978-1-948578-07-3

Cuidado de edición:
Rev. Eleuterio Uribe Villegas
Secretario de Educación Cristiana
de la Iglesia Apostólica de la Fe en Cristo Jesús

Portada: Rev. Julio C. García
URL: www.iafcj.org

© 2018 Ediciones Sinai
  Salem Oregón, Estados Unidos
Para pedidos en USA: 9713041735

Impreso en Estados Unidos
Printed in United Stated

INDICE

PRÓLOGO

El presente libro que ponemos a su disposición, originalmente fue aplicado como un cuaderno de estudio de la Escuela de Maduración que publica la Secretaria de Educación Cristiana de la Iglesia Apostólica de la Fe en Cristo Jesús, IAFCJ.

Este libro titulado "**Iglesia Sal y Luz de las Naciones**" versa sobre la *misión transcultural* de la iglesia. Tiene dos partes y se compone de dieciséis capítulos breves.

Los primeros ocho están dedicados al estudio de **La Encarnación de Jesucristo como modelo de misión**, y presenta los fundamentos bíblicos de la misión de la iglesia a la luz de los evangelios y el libro de Hechos de los apóstoles.

Los siguientes ocho capítulos se ocupan de **La misión particular de la iglesia** y desarrolla casos específicos de cómo hacer misión en diferentes contextos y con diferentes públicos receptores del evangelio.

Cuando hablamos de *misión transcultural* estamos hablando en primer lugar de la **misión de Dios** (en Lat. *Missio Dei*), cuyo propósito es la implantación de su Reino y, en consecuencia, la redención de toda la humanidad sin distinción de ninguna clase a la hora de presentarles el evangelio. De acuerdo con Carlos Scott,

> La misión transcultural implica extendernos a todas las **etnias** de la tierra ocupándonos de los diferentes aspectos de la vida de la gente. La iglesia es el agente de la misión, no su meta. La iglesia no es el reino de Dios sino su comunidad. La iglesia es comunidad del reino de Dios que participa en la misión universal (transcultural). La iglesia no existe para sí misma sino para servir a la huma-

nidad y anunciar la inauguración del reino de Dios en la persona de Jesucristo[1].

En segundo lugar, al hablar de misión transcultural estamos hablando de **un mensaje integral de salvación** que no conoce fronteras de ningún orden y está dirigido a todo ser humano considerando la totalidad de su persona. Incluye todas las áreas: moral, espiritual, física, intelectual, social, económica, política y la cultural.

Para extender su Reino Jesús llama y utiliza a su iglesia. Ella es la agente principal que usa para la extensión de su Reino. Luego Dios usa también otros instrumentos como agentes externos de su Reino. Usa las autoridades civiles y los gobiernos locales y mundiales para la formación de su pueblo. Usó al imperio egipcio, sirio, asirio, babilónico, medo-persa y romano para formar y corregir a su pueblo.

Cumpliendo su misión la Iglesia anuncia el Evangelio por todas partes. Todos los que creen en Cristo y son incorporados a él por el Bautismo recuperan la comunión con Dios. Mediante el Bautismo damos testimonio de nuestra conversión como nacimiento a una nueva vida: la vida de los hijos de Dios. Este es el sentido de la palabra Salvación que incluye por un lado la edificación del Pueblo de Dios y, por otro, la transformación del mundo como parte del proyecto de Dios de establecer un reino de sacerdotes, nación santa.

A su vez, la misión transcultural es tanto local como universal, es decir, global y local al mismo tiempo (G-LOCAL)[2]. La misión es uni-

---

[1] Scott, Carlos "La Misión transcultural" en *Protestante Digital* [en Línea] en: http://protestantedigital.com/magacin/13692/La_Mision_Transcultural [descargado el 18.09.2017]

[2] Se reconoce a Roland Robertson como el principal cultor y difusor del concepto "Glocal". Se trata de un término que plantea una propuesta de interpretación de muchos aspectos de la realidad, en los que opera como una fuerte influencia, la interacción entre las dinámicas globales y locales. La difundida frase "pensar

versal (transcultural) e integral. Una misión integral que no es **universal** se convierte en **localismo**. Es etnocentrismo[3] y egoísmo. Nos ocupamos de la gente cercana pero no de la gente lejana.

Por otro lado, la misión universal que no es **integral** se convierte en **proselitismo**[4]. Corremos el riesgo de ocuparnos únicamente del aspecto religioso, personal, interno, o espiritual, pero sin ocuparnos de todos los aspectos de la vida humana de la gente[5]. Si bien la consecuencia inmediata, natural, es la plantación de iglesias, debemos entender que el propósito último no es la Iglesia sino la evangelización del mundo y su conversión a Dios. Una iglesia que vive para sí misma engorda, pero no crece[6].

La misión de la iglesia es también **particular** cuando se ocupa de los aspectos más específicos de los diversos grupos humanos que reciben el evangelio y de sus necesidades más particulares. Todo esto lo veremos con más detalle cuando estudiemos la segunda parte d esta obra.

---

globalmente y actuar localmente" buscaría facilitar la aprehensión del concepto. El término inicial desarrollado por los japoneses con fines de desarrollo de estrategias de marketing fue el de "glocalización". Posteriormente se ha asentado como una categoría de análisis territorial, sociológica y política. Se aplicó como concepto referido al alcance de la misión en los *Documentos del Congreso de Evangelización Lausana III* en Ciudad del Cabo, 2010.

[3] **Etnocentrismo** es la actitud del grupo, raza o sociedad que presupone su superioridad sobre los demás y hace de la cultura propia el criterio exclusivo para interpretar y valorar la cultura y los comportamientos de esos otros grupos, razas o sociedades.

[4] **Proselitismo** es el empeño o afán con que una persona o una institución tratan de convencer y ganar seguidores o partidarios para una causa o una doctrina

[5] Scott, Carlos. *Op.cit.*

[6] Cf. Pacto de Lausana, *Congreso para la Evangelización Mundial*, Lausana, Suiza, 1974

Anhelaos que este libro sirva a estudiantes y maestros y que produzca excelentes frutos en el cumplimiento de la misión integral y particular de la iglesia.

Agradezco muy fraternalmente al Pastor y Teólogo pentecostal peruano, Dr. Bernardo Campos, a quien encargué y se hizo cargo de la elaboración de este material. El Pastor Bernardo Campos se ha incorporado recientemente a nuestra amada iglesia. No obstante, él ha sido un amigo entrañable de la iglesia, asiduo colaborador del Centro Cultural Mexicano desde cuándo funcionaba todavía en la Calle Plomo 55, en la ciudad México DF., (años 80s) hasta nuestros días. Bernardo ahora forma parte del equipo de Educación Cristiana de nuestra Secretaría. Mi gratitud por su trabajo.

Si este libro contribuye al enriquecimiento espiritual de los creyentes y los impulsa a la misión transcultural, habrá cumplido su propósito.

Eleuterio Uribe V.

Secretario de Educación Cristiana
Iglesia Apostólica de la Fe en Cristo Jesús
México

INTRODUCCION GENERAL:

LA IGLESIA: SAL Y LUZ DE LAS NACIONES

Vosotros sois la sal de la tierra; pero si la sal se desvaneciere, ¿con qué será salada? No sirve más para nada, sino para ser echada fuera y hollada por los hombres. *Vosotros sois la luz del mundo*; una ciudad asentada sobre un monte no se puede esconder. Ni se enciende una luz y se pone debajo de un almud, sino sobre el candelero, y alumbra a todos los que están en casa. Así alumbre vuestra luz delante de los hombres, para que vean vuestras buenas obras, y glorifiquen a vuestro Padre que está en los cielos

Mateo 5:13-16

1. LA ENCARNACION DE JESUCRISTO

En el cristianismo, la palabra "encarnación" se utiliza para expresar la idea de que Jesucristo ha venido a la tierra en forma humana. La palabra encarnación es un término que significa literalmente "el acto de ser encarnado" o hacerse carne. El apóstol Juan lo usa en ese sentido. Juan 1:14 habla de Jesús, que *"se hizo carne y habitó entre nosotros."* La figura que está detrás en este versículo es que Dios "puso su tienda" (su tabernáculo) y habitó entre nosotros; como uno de nosotros.

Teológicamente, la humanidad de Jesús es un aspecto importante de su vida terrenal. Jesús siendo el mismo Dios entre nosotros (Juan 1:1; Colosenses 1:16), tomó un cuerpo humano real para identificarse con la humanidad. Nació de una mujer (Mateo 1; Lucas 2), comía la comida de los hombres (Mateo 4:2; 21:18), dormía (Lucas 8:23), y experimentó la tentación (Mateo 4:1-11). Al igual que otros seres humanos, podría sudar (Lucas 22:43-44) y sangrar (Juan 19:34). También mostró emociones humanas, incluyendo la ira (Marcos 3:5), la alegría (Juan 15:11), el pesar (Mateo 26:37) y el llorar (Juan 11:35)

En términos de su plan divino, Jesús también se hizo humano para morir o sacrificarse en nuestro lugar (Hebreos 9:22). Además, para resucitar, primero debía tener un cuerpo físico. De hecho, nuestra salvación depende totalmente de la venida de Jesús a este mundo en forma humana. Romanos 5:8 dice claramente: "*Pero Dios demuestra su amor por nosotros en esto: en que cuando todavía éramos pecadores, Cristo murió por nosotros*". Su amor se mostró totalmente al tomar forma humana y permitir que ese cuerpo fuera destruido como un sacrificio por nosotros como anuncia la profecía del "siervo sufriente" (Isaías 53).

A diferencia de cualquier otro ser humano, Jesús vivió en un cuerpo humano, pero sin pecado, "*Porque no tenemos un sumo sacerdote incapaz de compadecerse de nuestras debilidades, sino uno que ha sido tentado en todo de la misma manera que nosotros, aunque sin pecado*" (Hebreos 4:15) Resistió la tentación a la perfección (Mateo 4:1-11), revelando tanto su plena deidad y plena humanidad, "así que Cristo, a pesar de ser Hijo, sufriendo aprendió lo que es la obediencia (Hebreos 5:8 DHH).

La resurrección de Jesús es única. Él levantó a otros de entre los muertos durante su vida (caso de Lázaro y el hijo de la viuda de Naín), pero sólo Jesús volvió a la vida bajo su propio poder. "*Por eso el Padre me ama, porque yo doy mi vida para tomarla de nuevo. Nadie me la quita, sino que yo la doy de mi propia voluntad. Tengo autoridad para darla, y tengo autoridad para tomarla de nuevo*" (Juan 10: 17-18)

Su resurrección fue posible sólo porque Él tomó la forma humana y murió primero. Esta resurrección sorprendió a sus discípulos, pero al mismo tiempo les impulsó a compartir su mensaje con otros. De hecho, el apóstol Pablo se refirió a la resurrección como un asunto de "primera importancia" (1 Corintios 15:3) y escribió: "*Y si Cristo no ha resucitado, la fe de ustedes es ilusoria y todavía están en sus pecados*" (1 Corintios 15:17 NVI). Se dio cuenta de que, la muerte y resurrección de Jesús son el fundamento del cristianismo.

Esa es una verdad fundamental y uno de los pilares de la fe cristiana. Jesús resucitó y la consecuencia de ello es que nosotros resucitaremos como él. Si hay resurrección entonces hay algo más allá de esta vida y la esperanza de nuevos cielos y una nueva tierra es una realidad. Gracias a la resurrección es que creemos que podremos trascender.

No obstante, siendo esta una verdad fundamental de la fe, hoy en día han salido por allí algunos "maestros" que enseñan que Jesús murió, pero no resucitó y por eso ya no vendrá por segunda vez. Esos falsos maestros enseñan que Jesucristo encargó a sus apóstoles el cuidado del Reino de Dios instaurado por él. Sobre la base de esta creencia errónea, tales maestros niegan la segunda venida de Cristo y aducen que ellos son los encargados de administrar hoy y aquí las riquezas de su reino. Creen que ellos, como apóstoles modernos son los detentores de su poder y los que deben, mediante medios políticos humanos, gobernar el mundo.

2. El MODELO "ENCARNACIONAL" DE LA MISIÓN DE LA IGLESIA

La encarnación es valiosa para nuestro estudio de muchas maneras. En ella descubrimos a un Dios que nos ama tanto, que vino a la tierra y tomó forma humana por nuestro beneficio. Renunció a su vida para pagar por nuestros pecados y ofrecernos la vida eterna con Él. Como declara Juan 3:16: "Porque de tal manera amó Dios al mundo, que dio a su Hijo unigénito, para que todo el que cree en él no se pierda, sino que tenga vida eterna.".

La encarnación, como su estado de humillación, es un **modelo de misión**. Para realizar la tarea misionera debemos encarnarnos en la cultura primero, vivir con la gente, conocerla, y cumplir así el mandato misionero. Es encarnándonos en la cultura que podremos ser sal de la tierra y luz en este mundo de tinieblas. "Y les dijo: Id por todo el mundo y predicad el evangelio a toda criatura" (Marcos 16:15). "Por tanto, id, y haced discípulos a todas las naciones, bautizándolos en el nombre del Padre, y del Hijo, y del Espíritu Santo" (Mateo 28:19).

Para terminar, debemos decir que, si bien la misión de la iglesia es **integral**, en este módulo queremos poner atención a la **misión particular de la iglesia**. Con ello nos referimos a la manera de presentar el evangelio específicamente a sectores muy particulares de la población. Ponemos atención a la condición sociocultural de los receptores del evangelio. Por un lado, los pobres, las viudas, los huérfanos, los enfermos y discapacitados y por otro, a las autoridades civiles y políticas, a los magistrados y militares y las clases adineradas.

PRIMERA PARTE:

LA ENCARNACIÓN COMO MODELO DE MISIÓN

CAPÍTULO

1

DIOS SE HIZO CARNE: LA ENCARNACIÓN COMO ESTRATEGIA MISIONERA

Y el Verbo se hizo carne, y habitó entre nosotros, y vimos su gloria, gloria como del unigénito del Padre, lleno de gracia y de verdad
Juan 1:14

Objetivos del capítulo

1. **Cognoscitivos**. Que el alumno sepa en qué consistió la encarnación de Jesús como Hijo de Dios a fin de adoptarlo como modelo de ministerio.
2. **Actitudinales**. Que adopte una actitud de alerta sobre su responsabilidad social como sal y luz del mundo.
3. **Operacionales**. Que ponga en práctica el ser sal y luz en el lugar o contexto donde Dios lo colocó.

Base bíblica: Filipenses 2: 6-22; Mateo 1:18-24; Juan 1:4.5; Mateo 5:13

INTRODUCCION

Jesús es la manifestación plena de Dios. Por eso el prólogo del evangelio de Juan presenta a Jesús como Dios mismo echo carne en Jesús el Cristo. Jesús es la luz verdadera que alumbra en medio de las tinieblas. En el principio era el Verbo, y el Verbo era con Dios, y el Verbo era Dios. Este era en el principio con Dios. Todas las cosas por él fueron hechas, y sin él nada de lo que ha sido hecho, fue hecho. En él estaba la vida, y la vida era la luz de los hombres. La luz en las tinieblas resplandece, y las tinieblas no prevalecieron contra ella (Juan 1:1-5)

En realidad, a Dios nadie le vio jamás, pero el unigénito Hijo, que está en el seno del Padre, él le ha dado a conocer (Juan 1:18). Jesús llegó a esta tierra y se hizo como uno de nosotros, un hombre de carne y hueso. Filipenses 2: 6-22 dice que Jesucristo, "siendo en forma de Dios, no estimó el ser igual a Dios como cosa a que aferrarse, sino que se despojó a sí mismo, tomando forma de siervo, hecho semejante a los hombres; y estando en la condición de hombre, se humilló a sí mismo, haciéndose obediente hasta la muerte, y muerte de cruz. Por lo cual Dios también le exaltó hasta lo sumo, y le dio un nombre que es sobre todo nombre, para que en el nombre de Jesús se doble toda rodilla de los que están en los cielos, y en la tierra, y debajo de la tierra; y toda lengua confiese que Jesucristo es el Señor, para gloria de Dios Padre"

Como hombre que era, supo compadecerse de nosotros y obediente al Padre realizó su ministerio hasta llegar a morir en la cruz. "Porque no tenemos un sumo sacerdote que no puede compadecerse de nuestras debilidades, pues él fue tentado en todo igual que nosotros, pero sin pecado (Hebreos 4:15 RVA 2015)

1. LA ENCARNACIÓN DE JESÚS: EL EMMANUEL (DIOS CON NOSOTROS)

La profecía del Antiguo Testamento decía claramente: "Por tanto, el Señor mismo os dará una señal: He aquí, una virgen concebirá y dará a luz un hijo, y le pondrá por nombre Emmanuel" (Isaías 7:14) De acuerdo con San Mateo, eso se cumplió en la persona de Jesús:

El nacimiento de Jesús, el Cristo, fue así: Su madre, María, estaba comprometida para casarse con José, pero, antes de unirse a él, resultó que estaba encinta por obra del Espíritu Santo. Como José, su esposo, era un hombre justo y no quería exponerla a vergüenza pública, resolvió divorciarse de ella en secreto. Pero, cuando él estaba considerando hacerlo, se le apareció en sueños un ángel del Señor y le dijo: «José, hijo de David, no temas recibir a María por esposa, porque ella ha concebido por obra del Espíritu Santo. Dará a luz un hijo, y **le pondrás por nombre Jesús, porque él salvará a su pueblo de sus pecados**».

Todo esto sucedió para que se cumpliera lo que el Señor había dicho por medio del profeta: «La virgen concebirá y dará a luz un hijo, y **lo llamarán Emanuel**» (**que significa «Dios con nosotros»**).

Cuando José se despertó, hizo lo que el ángel del Señor le había mandado y recibió a María por esposa. Pero no tuvo relaciones conyugales con ella hasta que dio a luz un hijo, **a quien le puso por nombre Jesús.** (Mateo 1:18-24)

Jesús es entonces el Emmanuel, Dios mismo encarnado en la humanidad. Esa es la razón por qué Dios eligió a María una joven virgen para manifestarse al mundo y señalarnos el camino al Padre. Era necesario que Jesús, el Emmanuel, asumiera una naturaleza humana siendo gestado en el vientre de una humana mujer como María. Jesús es Dios porque procede del Padre y hombre al nacer de una mujer.

En María Dios reivindica a las mujeres, pues en el huerto, como dice Pablo "Adán no fue engañado sino la mujer, [y] al ser engañada, incurrió en transgresión" (1 Timoteo 2:14). Dios quiso en su gracia y misericordia engendrar a su Hijo por medio de una mujer y con ello, indirectamente, reivindicar a la mujer levantando la raza humana de su naturaleza caída.

21

María entendió por el Espíritu Santo ese privilegio y humilde aceptó ser instrumento. Ella dijo: "engrandece mi alma al Señor; y mi espíritu se regocija en Dios mi Salvador. Porque ha mirado la bajeza de su sierva; pues he aquí, desde ahora me dirán bienaventurada todas las generaciones. Porque me ha hecho grandes cosas el Poderoso; Santo es su nombre, y su misericordia es de generación en generación" (Lucas 1:46-50)

La Constitución de la IAFCJ confiesa:

> Creemos que en Jesucristo se mezclaron en una forma perfecta e incomprensible los atributos divinos y la naturaleza humana. Por parte de María en cuyo vientre tomó forma de hombre, era humano; era divino; por eso se le llama Hijo de Dios e Hijo de Hombre. Por lo tanto, creemos que Jesucristo es Dios "y que en él habita toda la plenitud de la Deidad corporalmente" (Colosenses 2:9) y que la Biblia da a conocer todos los atributos: es Padre Eterno, a la vez que es un niño que nos ha nacido (Isaías 9:6). Es creador de todo (Isaías 45:18; Colosenses 1:16, 17). Es Omnipresente (Deuteronomio 4:39; Juan 3:13). Hace maravillas como Dios Todopoderoso (Salmos 86:10; Lucas 5:24-26). Tiene potestad sobre el mar (Salmos 107: 29, 30; Marcos 4:37-39) Es el mimo siempre (Salmos 102: 27; Hebreos 13:8) [7]

A continuación, veremos cómo Jesús desarrolló su ministerio y cuál fue su impacto sobre la tierra. Siendo él la Vida misma (Juan 1:4), trajo la luz a un mundo perdido y extraviado en tinieblas y su ministerio --como la sal-- evitó que esta tierra se corrompiera. Al hacerlo nos dejó un modelo para continuar su obra misionera

---

[7] Iglesia Apostólica de la Fe en Cristo Jesús, *Constitución 2016*, Capítulo Segundo, Principios doctrinales, Artículo 5. Unidad Divina. México, IAFCJ, 2016: 7

2. JESÚS, LA LUZ EN MEDIO DE UN MUNDO EN TINIEBLAS

El evangelio de Juan es muy claro en esto. Dice que en él [en Jesús, el verbo hecho carne) estaba la vida, y la vida era la luz de los hombres. La luz en las tinieblas resplandece, y las tinieblas no prevalecieron contra ella (Juan 1:4.5).

La luz es una metáfora común en la Biblia. Proverbios 4:18 simboliza la justicia como "la luz de la aurora". Filipenses 2:15 compara a los hijos de Dios que son "intachables y puros" con las estrellas en el firmamento. Jesús usó la luz como una descripción de buenas obras: "Así alumbre vuestra luz delante de los hombres, para que vean vuestras buenas obras" (Mateo 5:16). Salmo 76:4 dice de Dios: "Estás rodeado de esplendor".

El hecho de que Dios es luz establece un contraste natural con la oscuridad. Si la luz es una metáfora para la justicia y la bondad, entonces la oscuridad simboliza el mal y el pecado. 1 Juan 1:6 dice que "Si decimos que tenemos comunión con Él, y andamos en tinieblas, mentimos, y no practicamos la verdad". El versículo 5 dice, "Dios es luz, y no hay ningunas tinieblas en Él". Evidentemente Juan está indicando que la condición del mundo es una condición de pecado. Las tinieblas representan la oscuridad de entendimiento de la humanidad. Caminamos como en tinieblas sin un rumbo fijo. Tropezamos y caemos, porque estamos como ciegos sin la luz divina.

Tinieblas según el diccionario bíblico (en hebreo jóshek y en griego skótos) a veces se traduce por "oscuridad". Además de su sentido literal, "tinieblas" se usa simbólicamente en la Biblia para referirse a la ignorancia espiritual (Sal. 82:5; Is 60:2; Mt. 4:16), a la maldad (Pr. 4:19; Is. 5:20), a la condición espiritual resultante del descuido de la verdad o de la indiferencia hacia ella (Mt. 6:23; Lc. 11:35), a las dificultades y los problemas de la vida (2 S. 22:29), a la confusión y la incertidumbre (Job 12:25) y al misterio y la inaccesibilidad que envuelven a Dios (Ex. 10:21; 1 R. 8:12). Las "tinieblas" se extendían sobre la faz del abismo durante la creación (Gn. 1:2). Sobre los egipcios cayó una plaga de "tinieblas" (Ex. 10:21, 22). "Tinieblas" cubrieron la tierra en ocasión de la crucifixión de Cristo, y "tinieblas" anunciarán la proximidad de su venida (Mt. 24:29; cf. Ap 6:12) [8]

En el Sermón del monte Jesús dijo entre muchas cosas: "Vosotros sois la luz del mundo; una ciudad asentada sobre un monte no se puede esconder. Ni se enciende una luz y se pone debajo de un almud [cajón], sino sobre el candelero, y alumbra a todos los que están en casa. Así alumbre vuestra luz delante de los hombres, para que vean vuestras buenas obras, y glorifiquen a vuestro Padre que está en los cielos" (Mateo 5: 14-16)

Dios nos ha llamado a ser luz de las naciones. En tal sentido somos ejemplo y nuestra luz que es la luz de Cristo resplandece guiando a los hombres en medio de la oscuridad. Por eso Juan insistía "procuren ustedes que su luz brille delante de la gente, para que, viendo el bien que ustedes hacen, todos alaben a su Padre que está en el cielo" (Juan 5:16 DHH). Isaías había profetizado sobre esta luz cuando dijo: "El pueblo que andaba en tinieblas vio gran luz; los

---

[8] ASENSIO, F. *El Dios de la luz: Avances a través del A. T. y contactos con el N. T.*, «Analecta Gregoriana», 90 Roma: Gregorian & Biblical Press, 1958. Sobre la oposición Luz y tinieblas Cf. BONSIRVEN, J. *Cartas de San Juan*, Madrid 1966: 80-85; Cf. también Diccionario Bíblico "Tinieblas" en. http://www.wikicristiano.org/diccionario-biblico/significado/tinieblas [descargado el 16.09.2017].

que moraban en tierra de sombra de muerte, luz resplandeció sobre ellos" (Isaías 9:2).

La luz y las tinieblas, citadas tan frecuentemente en la Biblia, forman un grupo característico (Gen 1:4 ss. 18; Is 5:20.30; Am 5:18 ss; Mt 4:16, 6, 23 s.; Hech 26:18; Rom 2:19; etc.). El término hebreo para Luz es OR y aparece en la Biblia más de 125 veces. En cambio, el término "hoáek, tinieblas, aparece solo unas 80 veces. La palabra OR está relacionada con el término asirio urru o itru, el tiempo del día. Significa luz, claridad, y puede referirse en sentido propio a la luz del día, a la de los astros (Is 18:4; 30:26; Ez 32:7), al resplandor del fuego (Hab 3: 11; Iob 36:32; 37:3). Como sinónimos, aunque en sentido figurado, se emplean: razón, complacencia (Cf. Prv 16:15; Sal 144:4), y "simháh", alegría (cfr. Sal 97:11; Prv 13:9).[9]

La gente anda en tinieblas, desconoce las cosas de Dios, porque "el dios de este mundo ha cegado la mente de estos incrédulos, para que no vean la luz del glorioso evangelio de Cristo, el cual es la imagen de Dios" (2 Cor 4:4 NVI). Por esa causa, Dios ha querido levantar un pueblo para anuncie las virtudes de su Reino. El apóstol Pedro le dice a los expatriados[10] de la dispersión en el Ponto, Galacia, Capadocia, Asia y Bitinia: "ustedes son linaje escogido, real sacerdocio, nación santa, pueblo adquirido, *para que anuncien las virtudes de aquel que los ha llamado de las tinieblas a su luz admirable"* (1 Pedro 2:9)

---

[9] DEL GORRO CALDERON, G. "Luz y Tinieblas" [en el evangelio de Juan], en línea en: http://www.mercaba.org/ Rialp/L/luz_y_tinieblas.htm
[10] Eran los judíos, llamados "la diáspora" porque ya no se encontraban en las tierras de Palestina. Debido a la persecución y a otros factores, se habían establecido por todo el imperio. Si usted consulta un mapa, verá que todos estos lugares están en Asia Menor, es decir, en el área donde en la actualidad se encuentra Turquía.

En la teología de San Juan, "luz" tiene mayormente un sentido metafórico. El antagonismo está muy marcado. Dios es luz, Cristo viene al mundo como luz. El mundo por el contrario es oscuridad y tinieblas. El no aceptar a Cristo es amar las tinieblas más que la luz (Juan 3:19). Cristo, pues, se identifica con la luz, una luz que se revela a los hombres. Cumple así las promesas de un mundo de luz anunciado por los profetas (Is 9:1; 60:1-3, 19ss.) Sin Dios y sin Cristo todo queda en tinieblas (Juan 8:12; 12:35.46 ss.)[11]

CONCLUSION

1. Jesús es la luz del mundo y nosotros como hijos (as) suyos debemos también ser luz para el mundo.
2. Además, somos en sentido figurado la sal de la tierra. Estamos destinados a ser luz y sal de la tierra. Luz para alumbrar a los perdidos, es decir a quienes el Diablo les cegó el entendimiento, y sal para preservar este mundo de la corrupción.

ACTIVIDAD DE REFORMAMIENTO

1. Discuta con su grupo sobre el valor de la sal en la antigüedad y en la vida cotidiana actual
2. El salario que la gente recibe en el país ¿es como recibir sal en parte de pago?

---

[11] DEL GORRO CALDERON, G., *Op.cit.*

CAPÍTULO

2

LA IGLESIA COMO SAL DE LA TIERRA

Y el Verbo se hizo carne, y habitó entre nosotros, y vimos su gloria,
gloria como del unigénito del Padre, lleno de gracia y de verdad
Juan 1:14

Objetivos del capítulo

1. **Cognoscitivos**. Que el alumno sepa en qué consistió la encarnación de Jesús como Hijo de Dios a fin de adoptarlo como modelo de ministerio.
2. **Actitudinales**. Que adopte una actitud de alerta sobre su responsabilidad social como sal y luz del mundo.
3. **Operacionales**. Que ponga en práctica el ser sal y luz en el lugar o contexto donde Dios lo colocó.

Base bíblica: Filipenses 2: 6-22; Mateo 1:18-24; Juan 1:4.5; Mateo 5:13

1. EL LUGAR DE LA SAL EN LA TIERRA

La **sal** es el condimento más antiguo usado por el hombre. Ya en el año 3000 a 2700 a.C. en China se usaba la sal para sazonar la comida. El libro de Job que fue escrito hace unos 3500 años atrás hace una mención sobre la sal en el capítulo 6:6: *"¿Se puede comer lo insípido sin sal? ¿Qué sabor tiene la clara de huevo?"*

El uso más primitivo de la *sal* es la conservación de los alimentos. En la antigüedad se trataba de un producto muy apreciado. Incluso se le llegó a llamar "oro blanco". De "sal" viene la palabra *salario*, (en latín *sal arium*) es decir "sal como oro" u "dinero de sal".

La sal y el salario se relacionan porque a los soldados de la antigua Roma se les retribuía su trabajo con una porción de sal. Cuando éstos salían a la guerra salaban sus alimentos para mantenerlos en buen estado por largo tiempo, de manera que no se malogre.

La sal fue el motivo de construcción de un camino desde las salitreras de Ostia hasta la ciudad de Roma, unos quinientos años antes de Cristo. Este camino fue llamado "**Vía Salaria**". Los soldados romanos que cuidaban esta ruta recibían parte de su pago en sal. En Grecia, el intercambio de sal por esclavos dio origen a la expresión "no vale ni su sal". El propio Cicerón decía que vivir de un "*salarium*" es condición indigna de un ciudadano u hombre libre, y que es propio de esclavos. Pero por poco que fuera era lo que daba un valor agregado a las personas.

2. JESUCRISTO; LA SAL DE LA TIERRA PARA UN MUNDO EN CORRUPCIÓN

Es interesante notar que la sal no sólo se usaba para condimentar y preservar comida, sino también se usaba como antiséptico. La sal en la Biblia tiene diversos simbolismos. Uno de ellos es como *símbolo de anti corrupción.* Por ejemplo, cuando se ofrecían los sacrificios en el Antiguo Testamento se ofrecía a un animal de lo mejor del ganado o las primicias de la cosecha, lo cual habla de que al Señor se le debe ofrecer lo mejor de nuestro ser. Enseguida el sacerdote esparcía sal sobre el sacrificio (Ezequiel 43:23-24): El texto dice: "Cuando acabes de expiar, ofrecerás un becerro de la vacada sin defecto, y un carnero sin tacha de la manada; y los ofrecerás delante de Jehová, y *los sacerdotes echarán sal sobre ellos*, y los ofrecerán en holocausto a Jehová"

La sal, como conservador de los alimentos, simboliza incorrupción, preservación, pureza. La sal era, en estos versículos, un símbolo de que el adorador conservaba un corazón limpio y puro delante del Señor.

La sal simboliza también la pureza del pacto con Dios. Levítico 2:13 dice: "Y *sazonarás con sal* toda ofrenda que presentes, y no harás que falte jamás de tu ofrenda *la sal del pacto de tu Dios*; en toda ofrenda tuya ofrecerás sal".

El pacto de sal simboliza el compromiso de Dios de cumplir su palabra y sus promesas, en tanto que el sacerdote que la ofrece se comprometía a consagrarse solamente al Señor.

En el Nuevo Testamento vemos que Dios ofreció a su propio Hijo en sacrificio para limpiar nuestros pecados y lo selló con su sangre: Es la sangre del nuevo pacto de la que habló Jesús, y la sal que preserva el nuevo pacto es el Evangelio, ya que éste es perdurable (1 Pedro 1:25). En tal sentido, la Palabra de Dios, es la sal que preserva las promesas de Dios. Cuando Jesús dice que somos la sal de la tierra, deja claro que sus discípulos tenemos la misma función que esa sal: nos conservamos, nos guardamos caminando en santidad para con Dios, pero al mismo tiempo ayudamos a preservar el mundo de su corrupción.

También existe la posibilidad que la sal pierda su sabor y en tal caso debe ser desechada. En la antigüedad en Israel la sal era traída desde el Mar Muerto, pero había una sal que al contacto con otros productos químicos naturales a la intemperie se hacía amarga y no servía, Esa sal era distinguida fácilmente por los comerciantes, quienes la separaban, porque ya no servía para consumo humano. Esta sal se esparcía por las orillas de los caminos para matar las hierbas que estorbaban el paso. Se convertía en una sal para muer-te.

> Vosotros sois la sal de la tierra; pero si la sal se desvanecie-re, ¿con qué será salada? No sirve más para nada, sino para ser echada fuera y hollada por los hombres (Mateo 5:13)

La iglesia como cuerpo de Cristo es la sal de la tierra. Su función es dar el sabor a la tierra (el punto de sal exacto).

Como instrumento en las manos de Dios la iglesia alumbra al mundo con la luz del evangelio a fin de que la gente llegue a conocer a Jesucristo como salvador de sus vidas.

CONCLUSION

1. La luz se puede esconder o apagar y la sal se puede desvanecer y perder su sabor. De ahí la importancia de permanecer ligados a Cristo Jesús que es la luz del mundo y nos dejó el encargo de preservar la tierra. En nuestra simiente —desde Abraham—serán benditas las familias de la tierra.
2. Recuerde estos dos versículos. "Que vuestra conversación sea siempre con gracia, sazonada como con sal, para que sepáis cómo debéis responder a cada persona (Colosenses 4:6) y, "La sal es buena; pero si la sal se vuelve insípida, ¿con qué la sazonaréis? Tened sal en vosotros y estad en paz los unos con los otros" (Marcos 9:50)

1. ¿Cómo puede la iglesia preservar la tierra de la corrupción?

2. Como cristianos ¿estamos alumbrando con nuestra luz o la estamos ocultando? ¿Qué acciones hemos hecho cada uno que haya alumbrado el entendimiento de la gente para que les resplandezca la luz del evangelio? Lea 2 Corintos 4:4

CAPÍTULO

3

PENTECOSTÉS, PODER PARA SER SAL Y LUZ DE LAS NACIONES

...recibiréis poder, cuando haya venido sobre vosotros el Espíritu Santo, y me seréis testigos en Jerusalén, en toda Judea, en Samaria, y hasta lo último de la tierra

Hechos 1:8

Objetivos del capítulo

1. **Cognoscitivos.** Que el alumno sepa que la condición previa para la proclamación apostólica del evangelio es la recepción del poder del Espíritu Santo
2. **Actitudinales.** Que su comprensión de la fe modifique su actitud y responsabilidad frente al mundo para transformarlo
3. **Operacionales.** Que discuta con sus compañeros el significado, contenido y alcances de la predicación apostólica

Base bíblica: Hechos 2:1-12; 2:16-21; Hebreos 12:18-25; Colosenses 1:15-17.

INTRODUCCION

Vamos empezar nuestro estudio en el libro de Hechos de los apóstoles. Sabemos que es Lucas el que escribió el libro de Hechos de los apóstoles como una continuación del evangelio de Lucas. Desconocemos la fecha exacta en que se escribió, pero podemos datarla entre los años 60 al 80 d.C.[12] También podríamos llamarlo Hechos del Espíritu Santo, porque se ve cómo el Espíritu de Dios conduce a la Iglesia desde Jerusalén hasta los confines de la tierra.

Los principales focos de interés de la narrativa de Lucas son los trabajos y discursos de Pedro y de Pablo. Los demás discípulos están mencionados muy ligeramente. Juan es mencionado solo tres veces, y todo lo que se cuenta de Santiago, el hijo de Zebedeo es su ejecución por Herodes (Hechos 12: 1). Al inicio del libro se menciona a los doce, incluyendo a Matías (que sustituyó a Judas Iscariote). También a lo largo del libro se menciona a Bernabé de Chipre, a Marcos (probablemente se trate del primer evangelista), y a Santiago el "hermano del Señor", entre otros.

El propósito de Lucas es documentar los primeros pasos de la difusión del evangelio de Jesucristo y el modo en que el Espíritu de Dios impulsaba el *crecimiento de la iglesia* según el plan de desarrollo de Hechos 1:8 *"desde Jerusalén, en toda Judea, en Samaria y hasta lo último de la tierra"*.

Ese crecimiento se debía a la predicación apostólica, al anuncio del Nombre de Jesús y al Poder del Espíritu Santo quien añadía a la

---

[12] Autores como Norman Perrin, E. Lohse, P. Vielhauer y Oscar Cullman sitúan a este libro en los años 80, debido a que esta es la década en que se suele fechar el Evangelio según san Lucas, que lo precede. Otros como B. Reicke y C. Vidal proponen fechas anteriores al año 70 o incluso al año 62, basándose en que: 1) El libro finaliza bruscamente con el comienzo de la cautividad de Pablo en Roma, hacia el año 60. 2) Aunque relata el martirio del diácono Esteban y del apóstol Santiago el de Zebedeo, no menciona el de Santiago el Justo, que tuvo lugar en el año 62 y habría supuesto un argumento importante para retratar a los dirigentes judíos como enemigos del evangelio, exculpando a los romanos, en el mismo tono conciliador que el resto del libro. 3) No menciona la muerte de Pedro en las persecuciones de Nerón, en los años 62-64 y 4) Tampoco relata la muerte del personaje más prominente del libro, Pablo de Tarso, también como mártir, en los años 60. Todo esto haría suponer que se escribió antes del año 70, fecha de la destrucción de Jerusalén.

iglesia a todos los que habrían de ser salvos (hechos (Hechos 2:47) "Así que las iglesias eran confirmadas en la fe, y diariamente crecían en número" (Hechos 16:5)

1. EL PODER DE LO ALTO COMO CONDICIÓN PREVIA PARA LA MISIÓN

Jesús les había prometido a sus discípulos en Betania que habrían de recibir un poder de lo alto que los empoderaría y capacitaría para que ellos continúen su misión. Les dijo: "He aquí, yo enviaré la promesa de mi Padre sobre vosotros; pero quedaos vosotros en la ciudad de Jerusalén, hasta que seáis investidos de poder desde lo alto" (Lucas 24:49)

> En efecto, cuando llegó el día de Pentecostés, estaban todos unánimes juntos. Y de repente vino del cielo un estruendo como de un viento recio que soplaba, el cual llenó toda la casa donde estaban sentados; y se les aparecieron lenguas repartidas, como de fuego, asentándose sobre cada uno de ellos. Y fueron todos llenos del Espíritu Santo, y comenzaron a hablar en otras lenguas, según el Espíritu les daba que hablasen (Hechos 2:2-4)

Cuando esto sucedió muchos judíos y prosélitos de diferentes partes del mundo conocido de la época se habían reunido en Jerusalén para celebrar la fiesta de Pentecostés (Hechos 2:5). Se trataba de una festividad religiosa que se celebra cincuenta días después de Pascua, en que los judíos conmemoran el día en que Dios les dio la ley en el monte Sinaí.

Ese fue el día en que Jesús resucitado siendo Palabra de Dios se manifestó en Espíritu y fue reconocido como Señor y Mesías (Hechos 2: 36). Era el mismo Dios del AT quien ahora en la persona de

Jesús, el verbo encarnado, se manifestaba poderosamente como se manifestó Dios en el antiguo Sinaí.

El mismo Dios que en el Antiguo Testamento había prometido colocar su Espíritu en los corazones, ahora en Pentecostés hacía realidad su promesa. Dios había dicho:

> Os daré corazón nuevo, y pondré espíritu nuevo dentro de vosotros; y quitaré de vuestra carne el corazón de piedra, y os daré un corazón de carne. Y pondré dentro de vosotros mi Espíritu, y haré que andéis en mis estatutos, y guardéis mis preceptos, y los pongáis por obra (Ezequiel 36:26-27)

2. PENTECOSTÉS Y EL SINAÍ

El escritor de la epístola a los Hebreos da una interpretación exacta sobre la relación entre el antiguo Sinaí y Pentecostés. Dice:

> Porque no os habéis acercado al monte [Sinaí] que se podía palpar y que ardía en fuego, a la oscuridad, a las tinieblas y a la tempestad, al sonido de la trompeta, y a la voz que hablaba, [...] sino que os habéis acercado al *monte de Sion*, a la ciudad del Dios vivo, la Jerusalén celestial, a la asamblea festiva de miríadas de ángeles, a la congregación de los primogénitos que están inscritos en los cielos, a Dios el Juez de todos, a los espíritus de los justos hechos perfectos, *a Jesús el Mediador del nuevo pacto*, y a la sangre rociada que habla mejor que la de Abel. Mirad que no desechéis al que habla. Porque si no escaparon aquellos que desecharon al que los amonestaba en la tierra, mucho menos nosotros, si desechamos al que amonesta desde los cielos (Hebreos 12:18-25).

El derramamiento del Espíritu Santo el día de Pentecostés marcó el inicio de la iglesia cristiana y el empoderamiento de los discípulos.

Como ciento veinte discípulos que estaban reunidos ese día fueron *todos* llenos del Espíritu, y por el Espíritu comunicaban las *maravillas* de Dios (como Moisés en el Éxodo 34:10; Deuteronomio 29:3) pero hablando en otras lenguas (Hechos 2: 11).

Si antes de Pentecostés eran unos pocos hombres y mujeres tímidos o intimidados por las autoridades judías y romanas, ahora se convirtieron en personas con un tal poder de Dios que "proclamaban la palabra de Dios sin temor alguno", o con denuedo (Hechos 4: 31)

Jesús los había capacitado y preparado para la misión. Les había enseñado y encargado que con su autoridad ejercida en el cielo y en la tierra (Mateo 28:18) predicasen el evangelio por todas las naciones. Ahora bajo la poderosa unción del Espíritu Santo los colocaba en una condición especial para llevar a cabo la encomienda de Jesús a las naciones. El apóstol Pedro de antes de la resurrección, que fue capaz de negar a su propio maestro, e incapaz de sanar a su suegra (Mateo 8: 14-17), ahora desde Pentecostés se convirtió en un gigante espiritual. A su sola sombra los enfermos eran sanados.

> Y los que creían en el Señor aumentaban más, gran número así de hombres como de mujeres; tanto que sacaban los enfermos a las calles, y los ponían en camas y lechos, para que, al pasar Pedro, a lo menos su sombra cayese sobre alguno de ellos. Y aun de las ciudades vecinas muchos venían a Jerusalén, trayendo enfermos y atormentados de espíritus inmundos; y todos eran sanados (Hechos 5:14-16)

No cabía duda. Lo que Jesús les había dicho en el Sermón del Monte, de ser sal y luz del mundo, ahora con la fuerza del Espíritu de Jesús resucitado podían cumplirlo a cabalidad. La investidura del poder de lo alto es la condición para ser eficazmente sal de la tierra y luz para los que están en tinieblas. Sin esa investidura o unción, la predicación del evangelio es tímida e ineficaz. El propio apóstol Pablo, en el espíritu de Pentecostés, die:

> Así que, en cuanto a mí, pronto estoy a anunciaros el evangelio también a vosotros que estáis en Roma. Porque no me avergüenzo del evangelio, porque es **poder de Dios para salvación** a todo aquel que cree; al judío, primeramente, y también al griego. Porque en el evangelio la justicia de Dios se revela por fe y para fe, como está escrito: Mas el justo por la fe vivirá (Romanos 1:15-17)

CONCLUSIÓN

1. No es posible lograr una predicación efectiva sin el poder del Espíritu Santo. El poder de lo alto, o llenura del Espíritu, es la condición previa para la misión
2. Como la predicación está puesta en un contexto escatológico, universal, ésta toma la forma de una comunicación global y local al mismo tiempo. Es local porque se da en un contexto geográfico particular y es universal por su proyección es hasta los confines de la tierra según el esquema de hechos 1:8.

ACTIVIDAD DE REFORZAMIENTO

1. ¿En qué consiste la proclamación del evangelio y cuál es su mensaje (kerigma)?
2. ¿A qué se debió el éxito de la proclamación apostólica?

CAPÍTULO

4

PODER PARA LA PREDICACION APOSTÓLICA

...recibiréis poder, cuando haya venido sobre vosotros el Espíritu Santo, y me seréis testigos en Jerusalén, en toda Judea, en Samaria, y hasta lo último de la tierra

Hechos 1:8

Objetivos del capítulo

1. **Cognoscitivos**. Que el alumno sepa que la condición previa para la proclamación apostólica del evangelio es la recepción del poder del Espíritu Santo
2. **Actitudinales**. Que su compresión de la fe modifique su actitud y responsabilidad frente al mundo para transformarlo
3. **Operacionales**. Que discuta con sus compañeros el significado, contenido y alcances de la predicación apostólica

Base bíblica: Hechos 2:1-12; 2:16-21; Hebreos 12:18-25; Colosenses 1:15-17.

1. LA VISIÓN ESCATOLÓGICA DEL MUNDO EN HECHOS 2:1-41

Si en los evangelios todo ocurre en el pequeño territorio de Palestina, ahora desde el día de Pentecostés el mundo entero los estaba esperando. La visión misionera de los discípulos habría de adquirir una dimensión cósmica, planetaria, diríamos global en términos actuales. Tenían que proyectarse "hasta lo último de la tierra".

El cumplimiento de las profecías de Joel habría de poner el acontecimiento pentecostal en su justa dimensión global y final. La promesa y el llamamiento es para lo que están en Jerusalén, pero extensible a los están lejos. En efecto, la promesa es para ustedes --dijo Pedro en su predicación--para sus hijos y para todos los extranjeros, es decir, para todos aquellos a quienes el Señor nuestro Dios quiera llamar (Hechos 2:39 NVI)

> Esto es lo dicho por el profeta Joel: Y *en los postreros días*, dice Dios, derramaré de mi Espíritu sobre *toda carne*, y vuestros hijos y vuestras hijas *profetizarán*; vuestros jóvenes *verán visiones*, y vuestros ancianos *soñarán sueños*; y de cierto *sobre mis siervos y sobre mis siervas* en aquellos días *derramaré de mi Espíritu*, y profetizarán. Y daré prodigios arriba en el cielo, y señales abajo en la tierra, sangre y fuego y vapor de humo; el sol se convertirá en tinieblas, y la luna en sangre, antes que venga **el día del Señor**[13], grande y manifiesto; y **todo aquel que invocare el nombre del Señor**, será salvo (Hechos 2:16-21)

Esto es una rememoración del suceso del Éxodo y al mismo tiempo un anticipo de la Segunda venida de Cristo. Se trata del anuncio de que los tiempos del fin han empezado ya desde que Jesús vino y ahora la profecía se extiende hasta su segunda venida. A esto le llamamos la *dimensión escatológica* que, en la narración de Lucas, está asociada a la restauración del Reino. Sin embargo, Jesús dijo

---

[13] La expresión "**Día de Yahvé**" o "Día del Señor" es propia de la literatura profética y aparece dieciséis veces en la Sagrada Escritura; mientras la frase pareja "un día para Yahvé" acontece en tres ocasiones (Is 2,12; Ez 30,3; Zac 14,1). El *Día de Yahvé* indica la intervención de Dios en la historia para destruir a los opresores de Israel, devastar a los israelitas infieles y restaurar el pueblo fiel. En definitiva, el día de Yahvé implica la condena de los pecadores y la salvación de los justos. Ese día está asociado a la llegada del Mesías según Malaquías 4:4-6

que el tiempo (cronos) y el momento (Kairós) quedan en la exclusiva potestad del Padre (Hechos 1:6-7).

Malaquías había anunciado el Día de Yahvé.

> Porque he aquí, viene el día ardiente como un horno, y todos los soberbios y todos los que hacen maldad serán estopa; aquel día que vendrá los abrasará, ha dicho Jehová de los ejércitos, y no les dejará ni raíz ni rama. Mas a vosotros los que teméis mi nombre, nacerá el Sol de justicia, y en sus alas traerá salvación; y saldréis, y saltaréis como becerros de la manada. Hollaréis a los malos, los cuales serán ceniza bajo las plantas de vuestros pies, en el día en que yo actúe, ha dicho Jehová de los ejércitos. Acordaos de la ley de Moisés mi siervo, al cual encargué en Horeb ordenanzas y leyes para todo Israel. He aquí, yo os envío el profeta Elías, antes que venga el día de Jehová, grande y terrible. El hará volver el corazón de los padres hacia los hijos, y el corazón de los hijos hacia los padres, no sea que yo venga y hiera la tierra con maldición. Malaquías 4: 4-6)

Los prodigios en el cielo arriba y señales en la tierra debajo de la profecía de Joel corresponden, pues, al **día del Señor** anunciado, cumplido en el ministerio de Jesús y que aún ha de venir. Pedro vivió como si ese día y juicio estuvieran a punto de ocurrir. Así también debemos vivir nosotros.

Algunos historiadores asocian los acontecimientos de Hechos 2:16 al 21 con la destrucción de Jerusalén en año 70.

Un testigo de esa destrucción fue Flavio Josefo, historiador judío fariseo, descendiente de una familia de sacerdotes. Fue uno de los caudillos de la rebelión de los judíos contra los romanos, pero fue hecho prisionero y trasladado a Roma. Allí escribió, en griego, tres de sus obras más conocidas: *La Guerra de los judíos*, *Antigüedades judías* y *Contra Apión* que es una especie de autobiografía. Fue considerado como un traidor a la causa judía y odiado por ellos. En la *Guerra de los Judíos* cuenta cuán sangrienta fue la destrucción de Jerusalén al mando de Tito.

En el año 70 d.C., el emperador Vespasiano encargó a su hijo Tito sofocar la violenta revuelta que desde hacía cuatro años sacudía Judea. Tras un duro asedio, Tito logró conquistar Jerusalén y destruyó y saqueó el Templo[14]. Se cumplió así la profecía de Jesús (Marcos 13:2) que "no quedará piedra sobre piedra [de Jerusalén] que no sea derribada".

2. LA PREDICACIÓN APOSTÓLICA Y PROFÉTICA

Pese a que las autoridades judías comenzaron a perseguir a los cristianos, ellos los enfrentaron apelando a la autoridad del **Nombre** de Jesús. Hablaron con tal autoridad y poder que las autoridades religiosas "viendo el denuedo de Pedro y de Juan, y sabiendo que eran hombres sin letras y del vulgo, se maravillaban; y les reconocían que habían estado con Jesús" (Hechos 4:13)

Que ya eran hombres y mujeres transformados, se aprecia en los textos que hablan de los portentos y señales que hacían en el Nombre de Jesús:

> Y los que creían en el Señor aumentaban más, gran número así de hombres como de mujeres; tanto que sacaban los enfermos a las

---

[14] Flavio Josefo, **La Guerra de los Judíos**. Vol. I. México: Editorial Porrúa (6ta Edición) 2008.

calles, y los ponían en camas y lechos, para que, al pasar Pedro, a lo menos su sombra cayese sobre alguno de ellos. Y aun de las ciudades vecinas muchos venían a Jerusalén, trayendo enfermos y atormentados de espíritus inmundos; y todos eran sanados (Hechos 5:14-16)

Dios hacía milagros extraordinarios por medio de Pablo, a tal grado que a los enfermos les llevaban pañuelos y delantales que habían tocado el cuerpo de Pablo, y quedaban sanos de sus enfermedades, y los espíritus malignos salían de ellos. (Hechos 19: 11-12 NVI)

La predicación apostólica consistía básicamente en el anuncio de que el Reino de Dios había llegado con Jesús. Que él era el Mesías anunciado y esperado desde el Antiguo Testamento (Hechos 2:25-8, 34-35). Que Jesús había sido muerto por manos inicuas, pero había resucitado (Hechos 2: 22-24). Por tanto, era necesario arrepentirse y bautizarse en el Nombre de Jesús (Hechos 2: 38-39) para perdón de los pecados, recibir el don del Espíritu Santo (v. 38) y ser salvos de esta perversa generación (Hechos 2: 40)

La palabra griega que el NT usa para la "proclamación" (comunicación) del evangelio es **kerigma**, (Gr. Kérygma), un sustantivo abstracto que denota **lo que se anuncia** por medio del heraldo (Gr. keryx), es decir el "mensaje" como resultado del acto de proclamar.

Kéryx en griego es un sustantivo concreto que se puede traducir "heraldo, pregonero, predicador". Por tanto, kéryx es "quien proclama". Primero es Jesús, luego sus apóstoles son los heraldos del evangelio.

En cambio, kerýssein en griego es el verbo y denota "la acción de proclamar, pregonar, anunciar, dar a conocer, predicar"

Kerigma entonces es principalmente el contenido de la proclamación, es decir, el "mensaje" propiamente. El kerigma es la proclamación de un mensaje por quien Dios a través de su Mesías ofrece y hace realidad el Reino en el mundo (Romanos 10: 14-17).

El kerigma de la predicación apostólica proclama un acontecimiento de salvación que transforma la persona y su entorno. Es la predicación de un acontecimiento que se ofrece aquí y ahora, y que se hace actual por la fe y la conversión (Romanos 6:4). Por esa razón, heraldo es quien proclama lo que él primero está viviendo: que en el nombre de Jesucristo (Mt 12,21) se perdonaron sus pecados y es ya una nueva criatura (Romanos 8:15-17).

Los discípulos, al proclamar el kerigma, actualizan la salvación "en el nombre de Jesús, el Señor" (Juan 2:23 y 3:18). En "su nombre" "se habla" (gr. *laleín*) y "se enseña" (gr. *didáskein*) lo que se ha visto y oído (Hechos 4:17), se curan las enfermedades, se expulsan los espíritus inmundos y se purifican los pecados (Hechos 3: 6,16). Por tanto "en ningún otro hay salvación; porque no hay otro nombre bajo el cielo, dado a los hombres, en que podamos ser salvos" (Hechos 4:12).

Finalmente debemos decir que el kerigma cristalizó en la tradición apostólica en fórmulas de fe nominales[15] o nombres de Cristo en relación íntima con la transformación que producen en el creyente: Jesús es el Hijo del hombre por su origen celestial y por su entrega al sufrimiento para salvar lo que estaba perdido (Hechos 7:56); es el Mesías o Cristo por su unción con el Espíritu de Dios para derrotar el señorío sobre nosotros de espíritus inmundos y del pecado (Hechos 2:6); es el Santo y Salvador, porque es el único mediante el

---

[15] Véase las fórmulas de fe nominales y verbales en Hechos 17:3 y 1 Timoteo 2:5-6.

cual Dios nos concede la salvación sobre esta tierra (hechos 3: 14), la que el pueblo judío "no ha podido obtener con la ley de Moisés" (Hechos 13:38); es el Juez y Señor de vivos y muertos por su exaltación a la diestra del Padre y por su actual señorío no sólo sobre sus discípulos, sino sobre todo lo que existe en el universo (Hechos 2:36; Cf. Colosenses 1:15-17).

> Isaías lo dijo así: "Porque un niño nos es nacido, hijo nos es dado, y el principado sobre su hombro; y se llamará su **nombre** Admirable, consejero, Dios Fuerte, Padre Eterno, Príncipe de Paz" (Isaías 9:6)

CONCLUSIÓN

1. La predicación apostólica se centra en el anuncio de la persona y obra de Jesús. Por lo tanto
2. El contenido de la proclamación (Kerigma) es el mensaje de Cristo como salvador del mundo.

ACTIVIDAD DE REFORZAMIENTO

1. ¿Cuál es el alcance de la proclamación apostólica según el libro de Los Hechos?
2. ¿Cómo influyó Pentecostés en la proclamación apostólica?

CAPÍTULO

5

ENCARNANDO EL EVANGELIO EN LA PROPIA CULTURA

Todos los que habían creído estaban juntos, y tenían en común to-
das las cosas; y vendían sus propiedades y sus bienes, y lo repartían
a todos según la necesidad de cada uno.

Hechos 2: 44-45

Objetivos del capítulo

1. **Cognoscitivos**. Que el alumno conozca qué implica evangelizar en su propia cultura y sepa que cómo debe encarnar la misión
2. **Actitudinales**. Que considere su sociedad circundante con una actitud y voluntad de cambio o transformación como testimonio de lo que Dios es capaz de hacer con los necesitados
3. **Operacionales**. Que reflexione y decida maneras concretas de presentar el evangelio en su propia colonia.

Base bíblica: Hechos 2: 41-47; Hechos 4:32-35; Marcos 7: 24-30

INTRODUCCION

Jesús es nuestro modelo en lo tocante a la misión. Cuando la Biblia dice que él se hizo carne y **habitó** entre nosotros, nos está diciendo que vivió en la Palestina de su época. El verbo *habitar* significa vivir o estar establecido. Y como sabemos Jesús antes de empezar su ministerio vivió como un habitante de Nazaret por espacio de 30 años. De hecho, recién a los 30 años se era mayor de edad. Eso significa que le dio tiempo para conocer la propia cultura hebrea y hablar el dialecto del lugar que era el arameo.

¿Podemos saber algo de la vida de Jesús como vecino de Nazaret? Jesús como hombre caminaba, vivía y se vestía como los habitantes de su tierra. Le llamaban Jesús, el de Nazaret. Jesús nació probablemente en Nazaret. Solo en los relatos de la infancia de Mateo y Lucas se habla de su nacimiento en Belén. El pueblo de Jesús era Nazaret, un pequeño poblado en las montañas de la Baja Galilea. Las diferentes excavaciones han logrado descubrir el emplazamiento de diecinueve poblados en la zona montañosa de Nazaret y sus alrededores. El poblado quedaba retirado en medio de un bello paisaje rodeado de alturas o montañas.

1. LA MISION EN NAZARET

En las pendientes más soleadas, situadas al sur, se hallaban diseminadas las casas de la aldea y muy cerca había terrazas construidas artificialmente donde se criaban vides de uva negra; en la parte más rocosa crecían olivos de los que se recogía aceituna. En los campos de la falda de la colina se cultivaba trigo, cebada y mijo [16]. En lugares más sombreados del valle había algunos terrenos de aluvión que permitían el cultivo de verduras y legumbres. En el extremo occidental brotaba un buen manantial. En este entorno se movió Jesús durante sus primeros años: cuesta arriba, cuesta abajo

---

[16] El mijo es una planta cereal de tallo robusto, hojas planas, vellosas, largas y terminadas en punta y flores en panojas terminales, curvadas en el ápice.

y algunas escapadas hacia unos olivos cercanos o hasta el manantial.

En Nazaret, Jesús vivió prácticamente lejos de las grandes rutas. Jesús solo pudo conocer la vía marís o "camino del mar", una gran ruta comercial que, partiendo desde el Éufrates, atravesaba Siria, llegaba hasta Damasco y descendía hacia Galilea para atravesar el país en diagonal y continuar luego hacia Egipto. Los pies de Jesús solo pisaron los senderos de Galilea y los caminos que llevaban a la ciudad santa de Jerusalén.

Galilea no era Judea. La ciudad santa de Jerusalén quedaba lejos. En aquella aldea perdida en las montañas, la vida religiosa no giraba en torno al templo y a sus sacrificios. A Nazaret no llegaban los grandes maestros de la ley. Eran los mismos vecinos quienes se ocupaban de alimentar su fe en el seno del hogar y en las reuniones religiosas de los sábados. Una fe de carácter bastante conservador y elemental, probablemente poco sujeta a tradiciones más complicadas, pero hondamente arraigada en sus corazones.

La fe y la piedad de las aldeas de Galilea eran de carácter conservador. Desde Nazaret no podía Jesús conocer de cerca el pluralismo que se vivía en aquel momento entre los judíos. Solo de manera ocasional y vaga pudo oír hablar de los saduceos de Jerusalén, de los diversos grupos fariseos[17]. Por los evangelios sabemos que era su costumbre ir a las sinagogas, las cuales debe haber conocido desde su niñez.

Los más probable es que Jesús se dedicara a la carpintería que era el oficio de su padre José. En la época era natural que los hijos ejer-

---

[17]Monzón Mota, Jimmy Emanuel "*Situación Cultural y Religiosa en los Tiempos de Jesús*" 7 de marzo de 2015 [Descargado el 18.09.2017] en linea en: https://prezi.com/4pruqs6e40td/situacion-cultural-y-religiosa-en-los-tiempos-de-jesus/

cieran el mismo oficio o profesión de sus padres. En cuanto a su modo de vestir, es probable que llevara una vestimenta típica de los galileos que consistía en una túnica blanca. Los judíos usaban una túnica exterior (tipo manto), un cinturón, sandalias de piel, y un turbante. Los maestros judíos del tiempo de Jesús siempre cubrían su cabeza cuando enseñaban (típica mente con un turbante blanco). Por tal motivo, es de presumir que Cristo haya usado un turbante blanco cuando predicaba o enseñaba. Los maestros acostumbraban cubrir su cabeza cuando enseñaban Para ello usaban su túnica exterior extendiéndola sobre la cabeza para cubrirla.

Jesús mismo no era judío (judeano) o residente de Judea, él era galileo o residente de Galilea (Mateo 26:29; Juan 7:41) y un judaíta o descendiente de la tribu de Judá. Sus discípulos fueron pescadores del lago de Galilea. Y aunque él visitó Jerusalén, pasó la mayor parte de su vida en Galilea, su país natal. Juan 7:1 atestigua: "Después de estas cosas, andaba Jesús en Galilea; pues no quería andar en Judea, porque los judíos procuraban matarle." Sus seguidores estaban encerrados "por temor de los judíos". (Juan 7:13, 19:38, 20:19).

Jesús y sus discípulos eran hombres de su tiempo insertos en la cultura de la época y conocían lo que ocurría en la sociedad circundante y lo que pensaban de ellos (Cf. Mateo 16: 13-14)

2. EL TESTIMONIO PÚBLICO DE LA COMUNIDAD APOSTÓLICA

Volviendo al libro de los Hechos podemos observar la vida y testimonio público de la comunidad apostólica. Lucas nos relata el modo de vida de la iglesia primitiva y su relación con la sociedad judía.

Así que, los que recibieron su palabra fueron bautizados; y se añadieron aquel día como tres mil personas. Y perseveraban en la doctrina de los apóstoles, en la comunión unos con otros, en el partimiento del pan y en las oraciones. Y sobrevino temor a toda persona; y muchas maravillas y señales eran hechas por los apóstoles. **Todos los que habían creído estaban juntos, y tenían en común todas las cosas; y vendían sus propiedades y sus bienes, y lo repartían a todos según la necesidad de cada uno.** Y perseverando unánimes cada día en el templo, y partiendo el pan en las casas, comían juntos con alegría y sencillez de corazón, alabando a Dios, y **teniendo favor con todo el pueblo.** Y el Señor añadía cada día a la iglesia los que habían de ser salvos (Hechos 2: 41-47)

Se trataba de un modo de vida apacible. Habían sido transformados por Jesucristo. El estilo de vida por sí mismo era el fiel testimonio de ese cambio. La gente que los rodeaba veía con agrado a estos discípulos. Tener el favor del pueblo es tener aceptación de la comunidad y no era fácil ya que por lo general los judíos no veían con agrado a los seguidores de Cristo. Los veían como detractores de la identidad social judía. Sin embargo, había algo en ellos que conmovía el ethos judío. El sólo hecho de llevar una vida en común, solidarizándose con los necesitados y viviendo una singular vida religiosa: unánimes en el templo, partiendo el pan en las casas, comiendo juntos con alegría y sencillez de corazón y alabando a Dios, era ya un atractivo enorme para el judío común.

Y más adelante, en el capítulo 4, Lucas relata el testimonio público de la iglesia, cuando dice:

Y la multitud de los que habían creído era de un corazón y un alma; y ninguno decía ser suyo propio nada de lo que poseía, sino que tenían todas las cosas en común. Y con gran poder los apóstoles daban testimonio de la resurrección del Señor Jesús, y abundante gracia era sobre todos ellos. **Así que no había entre ellos ningún necesitado; porque todos los que poseían heredades o casas, las vendían, y traían el precio de lo vendido, y lo ponían a los pies de los apóstoles; y se repartía a cada uno según su necesidad** (Hechos 4:32-35)

Los que tenían propiedades, las vendían con el propósito de solidarizarse con los pobres de Jerusalén.

Más delante en el libro de los hechos vemos que Dios llama a Saulo con la finalidad de que este, por su preparación, pueda dar testimonio de él ante las autoridades. Y le dijo el Señor al discípulo Ananías: "—Ve, porque este hombre me es un instrumento escogido para llevar mi nombre ante los gentiles, los reyes y los hijos de Israel" (Hechos 9:15).

El testimonio público de la comunidad apostólica se da en la localidad, a nivel de la gente común, de las diferentes culturas o grupos sociales, pero también ante las autoridades de gobierno.

CONCLUSIÓN

1. La primera tarea que tenemos los cristianos es encarnar el evangelio primero en nuestra propia cultura
2. Jesús nos trazó el camino de la misión a través de su encarnación y solidaridad con los más necesitados. Por eso pasó la mayor parte de su vida entre los más pobres de Galilea.

ACTIVIDAD DE REFORZAMIENTO

1. ¿Qué prácticas de amor y solidaridad conoces o recuerdas que haya hecho tu iglesia local?
2. Lea por favor Marcos 7: 24-30 y reflexione. ¿Qué puede significar para nuestra practica misionera la ayuda que Jesús brindó a la mujer *sirofenicia* siendo que no era judía?

CAPÍTULO

54

6

LA COMUNIDAD DE BIENES Y LA SOLIDARIDAD

*Todos los que habían creído estaban juntos, y tenían en común to-
das las cosas;
y vendían sus propiedades y sus bienes, y lo repartían a todos
según la necesidad de cada uno.*

Hechos 2: 44-45

Objetivos del capítulo

1. **Cognoscitivos**. Que el alumno conozca qué implica evangelizar en su propia cultura y sepa que cómo debe encarnar la misión
2. **Actitudinales**. Que considere su sociedad circundante con una actitud y voluntad de cambio o transformación como testimonio de lo que Dios es capaz de hacer con los necesitados
3. **Operacionales**. Que reflexione y decida maneras concretas de presentar el evangelio en su propia colonia.

Base bíblica: Hechos 2: 41-47; Hechos 4:32-35; Marcos 7: 24-30

1. LA COMUNIDAD DE BIENES

Lo que leímos en el acápite anterior habla a las claras del tipo de comunidad que se formó producto de la fe en Jesús. Se trataba de una "comunidad de bienes" era la comunidad de la promesa. Lle-vaba las marcas de una vida transformada

La *comunidad de Jerusalén* estaba compuesta por hombres y muje-res provenientes del judaísmo, como los mismos apóstoles y María.

No podemos olvidar este hecho, aunque a continuación aquellos judío-cristianos, reunidos en torno a Santiago cuando Pedro se dirigió a Roma, se dispersaron y desaparecieron poco a poco. Sin embargo, lo que sabemos por el libro de los Hechos debe inspirarnos respeto y también gratitud hacia aquellos nuestros lejanos "hermanos mayores", en cuanto que ellos pertenecían a aquel pueblo jerosolimitano[18] que rodeaba de "simpatía" a los Apóstoles (Hechos 2: 47), los cuales *"con gran poder daban testimonio de la resurrección del Señor Jesús, y abundante gracia era sobre todos ellos."* (Hechos 4: 33).

No podemos tampoco olvidar que, después de la lapidación de Esteban y la conversión de Pablo, las Iglesias, que se habían desarrollado partiendo de aquella primera comunidad, *"tenían paz por toda Judea, Galilea y Samaria; y eran edificadas, andando en el temor del Señor, y se acrecentaban fortalecidas por el Espíritu Santo"* (Hechos 9: 31).

Si bien esta comunidad era judía, cuando Lucas escribió, la comunidad cristiana en su apariencia exterior era muy distinta de lo que podían haber esperado los que vieron su comienzo. Ella comenzó en Palestina; ahora estaba esparcida por todo el mundo del Mediterráneo. Jesús y todos sus primeros seguidores fueron judíos. Jesús y sus primeros seguidores asistían a las sinagogas y al templo.

Ahora la iglesia era predominantemente no judía. En el tiempo en que Lucas escribió, muchos cristianos se estaban reuniendo en hogares y en edificios públicos. El templo posiblemente ya había sido destruido, y las puertas de las sinagogas se estaban cerrando o se habían cerrado para los cristianos.

Se trata de una comunidad integrada por mujeres y varones, niños, jóvenes, ancianos, esclavos y esclavas, de perfil religioso y popular. Era gente del vulgo, carismáticos ambulantes y sin patria. Así lo describe un famoso investigador y exégeta Gerd Theissen:

---

[18] Dunn, James D. G. *El cristianismo en sus comienzos Tomo II / Volumen 1 Comenzando desde Jerusalén*. Pamplona: Ed. Verbo Divino, 2009: 27-29, 171ss

Jesús no fundó primariamente comunidades locales, sino que dio a la luz un movimiento de carismáticos vagabundos. Las figuras decisivas del cristianismo primitivo fueron apóstoles, profetas y discípulos ambulantes que se movían de sitio en sitio, donde encontraban apoyo en pequeños grupos de simpatizantes. Estos grupos de simpatizantes siguieron, como organización, en el seno del judaísmo. Encarnaban menos claramente lo nuevo del cristianismo primitivo; estaban vinculados con la vieja situación por obligaciones y lazos de diversa índole. Los responsables de lo que más tarde había de ser el cristianismo autónomo eran, más bien, carismáticos ambulantes apátridas. El concepto de «carismático» indica que su «rol» no era una forma de vida institucionalizada a la que podía uno adherirse por propia decisión. Más bien se basaba en una llamada ajena a la propia iniciativa[19].

Lo más interesante en ellas son las *normas éticas* porque hacen referencia directa al comportamiento de los seguidores de Jesús, especialmente la *ética de renuncia* a un lugar estable, renuncia a la familia, renuncia a la propiedad y renuncia a la propia defensa[20]. A decir verdad, las comunidades primitivas del cristianismo surgieron como una "grupo" apocalíptico[21] del judaísmo (Hechos 24:5) a la que los historiadores denominan *judeocristianismo[22]*.

Con esto queremos señalar que siendo como eran los primeros cristianos, fueron capaces de transformar su entorno y lograr un gran impacto en la cultura greco-romana de entonces.

---

[19] Gerd Theissen, *Sociología del Movimiento de Jesús: El nacimiento del cristianismo primitivo*. España: Ed. Sal Terrae, 1979:13-14
[20] Ibid: 15
[21] La *visión apocalíptica* de la vida se caracteriza por una perspectiva del futuro inmediato como misterioso, oscuro, enigmático o una situación que amenaza o implica exterminio o devastación: Terrorífico o espantoso.
[22] Bernardo Campos. *El Principio Pentecostalidad. La unidad en el Espíritu, Fundamento de la Paz*. Oregón, EUA: Kerigma Publicaciones, 2016: 71-75.

El propio San Pablo le dijo a los corintios que "lo necio del mundo escogió Dios, para avergonzar a los sabios; y lo débil del mundo escogió Dios, para avergonzar a lo fuerte; y lo vil del mundo y lo menospreciado escogió Dios, y lo que no es, para deshacer lo que es, a fin de que nadie se jacte en su presencia" (1 Corintios 1: 27.29)

2. SOLIDARIDAD MECÁNICA Y SOLIDARIDAD ORGÁNICA EN JERUSALÉN

Para terminar esta parte, debemos distinguir entre la solidaridad mecánica y la solidaridad orgánica. La solidaridad puede ser definida como la adhesión o apoyo incondicional a causas o intereses ajenos, especialmente en situaciones comprometidas o difíciles. Más adelante veremos cómo precisamente Cornelio, centurión de la compañía llamada la italiana, fue solidario con los judíos pobres (Hechos 10:2).

Se llama *solidaridad mecánica* (automática) a aquella forma de reaccionar de manera inmediata que tienen las familias para proteger entre ellos. Por ejemplo, si atacan a un hijo o hermano nuestro, inmediatamente sin pensarlo dos veces, salimos en su defensa. Actuamos casi mecánicamente.

Por el contrario, llamamos *solidaridad orgánica* cuando la ayuda supone tiempo y formas de organización. Hay situaciones que requieren de una planificación previa para realizar la ayuda social. Este es el caso por ejemplo de la situación crítica que se generó entre griegos y hebreos.

En aquellos días, como creciera el número de los discípulos, hubo murmuración de los griegos contra los hebreos, de que las viudas de aquéllos eran desatendidas en la distribución diaria. Entonces los doce convocaron a la multitud de los discípulos, y dijeron: No es justo que nosotros dejemos la palabra de Dios, para servir a las mesas. Buscad, pues, hermanos, de entre vosotros a siete varones de buen testimonio, llenos del Espíritu Santo y de sabiduría, a quienes encarguemos de este trabajo (Hechos 6: 1)

Tal petición de los doce apóstoles a la congregación supuso además de tiempo de oración, una organización mínima y una democrática discusión previa para elegir a los que serían los primeros diáconos.

Esto demuestra que, desde el día de Pentecostés hasta el día de la elección de los diáconos, los discípulos avanzaron de una solidaridad mecánica entre ellos a una solidaridad orgánica para con miembros de otras nacionalidades. Un aspecto fundamental de la misión y del testimonio público de la iglesia es la acción social. Es la manera en que el evangelio se expresa de forma concreta en la comunidad y cómo la gente puede ver lo que Dios es capaz de hacer con aquellos que creen en Cristo. Si bien la ayuda social en sí misma no verbaliza el evangelio, lo demuestra con hechos, como "hechos" de los apóstoles.

Esta es la encarnación del evangelio que sigue el modelo de Jesús. Una misión que responde con hechos concretos a las necesidades de la gente (milagros, sanidades, predicación y enseñanza, solidaridad con las viudas, los ancianos, los niños y los pobres, etc.)

CONCLUSIÓN

1. Una iglesia revestida con el poder el Espíritu Santo, como la iglesia primitiva, es capaz de insertarse en la sociedad y vivir una vida ejemplar. Es en nuestra propia colonia donde debemos empezar.
2. La práctica de la solidaridad, mecánica u orgánica es una excelente manera de dar testimonio de nuestra fe. El mundo observa nuestras acciones. Nuestras prácticas de amor al prójimo son una manera de respaldar con acciones a nuestra predicación apostólica.

ACTIVIDAD DE REFORZAMIENTO

1. Considerando las necesidades de su Colonia, ¿qué prácticas de ayuda social sugeriría como encarnación del evangelio?
2. ¿Es posible formar ahora una comunidad de bienes en nuestra comunidad? ¿Qué factores ayudarían y cuáles serían un impedimento?

CAPÍTULO

7

ENCARNANDO EL EVANGELIO EN OTRAS CULTURAS

*Y los fieles de la circuncisión que habían venido con Pedro s
e quedaron atónitos de que también sobre los gentiles
se derramase el don del Espíritu Santo*

Hechos 10:45

Objetivos del capítulo

1. **Cognoscitivos**. Que el alumno sepa que además del Pentecostés de Jerusalén, hubo otras manifestaciones del Espíritu Santo entre los gentiles; otros "pentecosteses" para decirlo de alguna manera.
2. **Actitudinales**. Que el conocimiento de la omnipresencia de Dios le ayude a cambiar de actitud respecto de otras comunidades religiosas que son diferentes a la suya.
3. **Operacionales**. Que comparta experiencias de manifestaciones del Espíritu de otras comunidades cristianas

Base bíblica: Hechos 8:4-25; 10:1-48.

INTRODUCCION

Primero que todo hay que saber que el **Pentecostés** que se celebró en Jerusalén fue el inicio de una serie de manifestaciones del Espíritu Santo. El mismo Dios en su infinita misericordia también se m anifestó en forma de experiencias "pentecostales" entre las comunidades gentílicas, es decir, no judías.

El evento de Pentecostés tuvo sus réplicas en Samaria, Jope (actual Jaffa), Éfeso y Corinto. Se trata de la obra misionera impulsada por el Espíritu Santo en distintas regiones, *desde Jerusalén hasta lo último de la tierra*.

De la misma forma como hubo un pentecostés originario en Judea, habrá inmediatamente un pentecostés samaritano (Hecho 8: 4-25) y después de él muchos otros más a lo largo de la historia de la fe cristiana.

1. EL PENTECOSTÉS SAMARITANO

Lucas cuenta que "Cuando los apóstoles que estaban en Jerusalén oyeron que Samaria había recibido la palabra de Dios, enviaron allá a Pedro y a Juan; los cuales, habiendo venido, oraron por ellos para que recibiesen el Espíritu Santo; porque aún no había descendido sobre ninguno de ellos, sino que solamente habían sido bautizados en el nombre de Jesús. Entonces les imponían las manos, y recibían el Espíritu Santo" (Hechos 8:14-17)

Pedro y Juan habían llegado hasta Samaria, donde había un grupo de cristianos bautizados en agua en el nombre de Jesús, pero que no habían sido bautizados con el Espíritu Santo. Por este motivo Pedro y Juan impusieron sus manos sobre ellos y dice que recibieron el Espíritu Santo (v.17) Este es el único pasaje en Hechos donde no se menciona que los creyentes hayan hablado en nuevas lenguas y es de mucha discusión. Sin embargo, muchos grupos pentecostales modernos, creen que, sí lo hicieron, pues Simón el mago, había querido comprar el don del Espíritu Santo por haber visto un gran prodigio. Muchos teólogos suponen que fue el don de lenguas manifestado en los samaritanos.

Roger Stronstad, destacado biblista pentecostal canadiense, ve en este pentecostés samaritano el impulso del Espíritu para que ellos también, como los judíos, realicen la tarea misionera:

> El don del Espíritu a los samaritanos tiene las mismas dos funciones que el derramamiento del Espíritu sobre los discípulos el día de Pentecostés. **En primer lugar, la imposición de manos** por los apóstoles les da a los samaritanos la misma prueba concreta a la realidad del Espíritu que las señales de viento, fuego y hablar en lenguas les dieron a los discípulos. La recepción del Espíritu es más que una afirmación de fe y se le confirma personalmente a cada uno mediante la imposición de manos. **En segundo lugar, el don del Espíritu** capacita a los samaritanos para el discipulado. Aunque Jesús había comisionado a los discípulos antes de Pentecostés y los había capacitado el día de Pentecostés, la tarea misionera no ha de ser la prerrogativa exclusiva de ellos. El don del Espíritu a los creyentes en Samaria demuestra que todos, aun un grupo despreciado como los samaritanos, deben participar en la obra misionera. Para esa responsabilidad común reciben el mismo equipo: **el don vocacional del Espíritu.**[23]

El mismo Espíritu Santo de Hechos 2, ahora Dios lo ofrece a los samaritanos. Fueron Pedro y Juan quienes se percataron de la ausencia de la manifestación especial del Espíritu que ellos habían experimentado en Pentecostés. Esto no quiere decir que las señales milagrosas que acompañaron a la predicación de Felipe no fuesen verdaderas del Espíritu (v. 13). ¡Pedro y Juan querían un Pentecostés samaritano! Y creemos que se dio.

---

[23] Roger Stronstad, *La Teología Carismática de Lucas*. Miami, Florida: Editorial Vida, 1994: 58

¿Pero había alguna intención de los cristianos de Jerusalén por unificar a los samaritanos bajo su comprensión judaica? Las regiones de Samaria y galilea eran consideradas como heréticas por las comunidades cristianas de Jerusalén. En otras palabras, la ortodoxia [24] de Jerusalén buscaba incorporar a los heterodoxos [25] samaritanos, en términos de un *consenso de fe* [26]

La lucha simbólica o el "babel" detrás de este Pentecostés está representado por la ambición del Simón el mago de obtener poder por medio del dinero. Simón el Mago, llamado también Simón de Gitta fue un líder religioso samaritano, inicialmente gnóstico (posteriormente modificó sus doctrinas), mencionado en la literatura cristiana primitiva [27].

> Un texto cristiano apócrifo llamado *Hechos de Pedro* narra una de las leyendas más conocidas acerca de Simón el Mago. Cuando exhibía sus poderes mágicos en Roma, volando ante el emperador romano Nerón en el foro Romano, para probar su condición divina, los apóstoles Pedro y Pablo rogaron a Dios que detuviese su vuelo: Simón paró en seco y cayó a tierra, donde fue apedreado. Durante la Reforma Protestante, en la edad media, se llamó **simonía** —por causa de Simón el mago-- a la pretensión de la com-

---

[24] **Ortodoxia** es la conformidad con los principios de una doctrina o con las normas o prácticas tradicionales, aceptadas por la mayoría como las más adecuadas en un determinado ámbito. Por lo general cada iglesia dice estar en la doctrina correcta, es decir, dicen tener la doctrina correcta, ortodoxa.

[25] **Heterodoxo**, es la persona o institución que está en desacuerdo con los principios de una doctrina o que no sigue las normas o prácticas tradicionales, generalizadas y aceptadas por la mayoría como las más adecuadas en un determinado ámbito. Las iglesias evangélicas como las católicas consideran a las demás coo heterodoxas, es decir, como que no están en la verdad.

[26] Hugo Zoprrila C. *La Fiesta de Liberación de los oprimidos. Relectura de Jn. 7:1-10.21.* San José, Costa Rica: SEBILA, 1981: 101-110.

[27] Adicionalmente a Hechos 8:9-24 se encuentra referencias a Simón el Mago en las obras patrísticas de Justino Mártir, Ireneo de Lyon e Hipólito, en los Hechos apócrifos de Pedro y en la llamada "literatura clementina". No está claro si todas estas fuentes se refieren a un solo personaje o a varios personajes distintos

prar o vender lo espiritual por medio de bienes materiales. Esto incluía cargos eclesiásticos, sacramentos, reliquias, promesas de oración, la gracia, la jurisdicción eclesiástica, la excomunión, etc. El papa Gregorio VII (1020-1085), antes monje cluniacense Hildebrando de Soana, acabó con la venta de cargos eclesiásticos durante la llamada querella de las investiduras.[28]

No obstante, de tiempo en tiempo la **simonía** amenaza con volver a la iglesia en formas muy variadas. Solo el poder del Espíritu Santo nos ayudará a discernir y expulsar de nuestros territorios tales prácticas. La pentecostalidad echa fuera este demonio de corrupción.

Siempre que el evangelio o la presencia de Dios se manifiestan en culturas diferentes, se hará necesario una reinterpretación del mismo. Cada cultura asume la verdad del evangelio en términos de su manera de ser, de sus prácticas y costumbres, sus tradiciones, así como de su comprensión y su manera de ver el mundo (su cosmovisión)

2. LA CASA DE CORNELIO Y LA COMUNIDAD JUDÍA

Lea detenidamente todo el capítulo 10 de Hechos y notará que el mismo Espíritu Santo se encargó de conectar a Cornelio (Cornelius) con el apóstol Pedro para que Cornelio recibiera la unción del Espíritu Santo. El mismo Pedro, sorprendido por la acción del Espíritu, comprendió que Dios no hace acepción de personas.

> Mientras aún hablaba Pedro estas palabras, el Espíritu Santo cayó sobre todos los que oían el discurso. Y los fieles de la circuncisión que habían venido con Pedro se quedaron atónitos de que también sobre los gentiles se derramase el don del Espíritu Santo.

---

[28] Bernardo Campos, *Op. Cit.* 77

Porque los oían que hablaban en lenguas, y que magnificaban a Dios (Hechos 10:44-46)

La venida del Espíritu Santo fue realizada también sobre los gentiles. En una visión que tuvo el apóstol Pedro en la azotea de una casa de Jope (actual Jaffa), Dios le reveló al apóstol que debía amar a sus semejantes a pesar de que no sean judíos, pues Dios no hace acepción de personas.

Cornelio, un centurión de la cohorte Itálica, movido por el Espíritu envió por él para que fuera a Cesarea donde había una iglesia en su casa. Pedro aceptó ir a Cesarea por mandato de Dios, y llegó a casa de Cornelio. Cuando Pedro comenzó su discurso, el Espíritu Santo cayó sobre los presentes y empezaron a hablar en lenguas, magnificando a Dios.

El contrapoder a este pentecostés en Jope, es la discriminación por causas étnico-religiosas. La pretensión judía de ser la detentora de la salvación llevó a los judíos a creer que solo ellos serían salvos y a los gentiles les llamaron perros despectivamente.

No obstante, el desprecio a los gentiles, considerados perros o inmundos, el *pentecostés samaritano* cambió la mentalidad de Pedro al punto de recibir a los samaritanos como hermanos en la común fe, pese a que se odiaban desde hacía siglos.

La visión del lienzo con animales inmundos, donde Dios le dijo "mata y come", fue determinante para que el apóstol Pedro fuera transformado, y reconozca: *"En verdad comprendo que Dios no hace acepción de personas, sino que en toda nación se agrada del que le teme y hace justicia"* (Hechos 10.34-35) En otras palabras, una visión con significado puede transformar una vida y promover relaciones de hermandad allí donde no lo hay.

Según vemos aquí, la pentecostalidad hace posible la reconciliación entre los pueblos. La pentecostalidad provoca la interculturalidad y hace que las diferencias sociales no sean un problema para cons-truir una comunidad renovada e influida por el Espíritu[29].

CONCLUSIÓN

1. Es Dios mismo quien impulsa la obra evangelizadora a fin de que la misión sea transcultural

2. Dios establece las conexiones para traspasar fronteras no solo territoriales sino también simbólicas. Nuestra propia doctrina debe incluso reformularse al entrar en diálogo con otra cultura, con otros sistemas de creencias. No que cam-biemos nuestra doctrina, sino que nos abramos al diálogo con el otro. Así lo tuvo que hacer Pedro y Pablo para llegar a los gentiles.

ACTIVIDAD DE REFORZAMIENTO

1. ¿Conoces alguna experiencia entre las iglesias evangélicas que pueda ser tildada de simonía? Si el apóstol Pedro estuviera con nosotros hoy ¿qué cree que haría él frente a la simonía? ¿Y usted qué haría?

2. ¿Cómo dialogarías con un trinitario? ¿Son ellos también parte del pueblo de Dios que se salvará, aun teniendo diferente fórmula bautismal?

---

[29] A una conclusión más o menos parecida llega Murray W. Dempster en su estudio sobre la glosolalia en la Teología de Lucas-Hechos. Murray W. Dempster, *"The Church's Moral Witness: A Study of Glossolalia in Like's Theology of Acts"*. Paraclete: *A Journal of Pente-costal Studies* 23 (1989): 5

CAPÍTULO

8

CONEXIONES DIVINAS PARA LA MISION DE LA IGLESIA

*Y los fieles de la circuncisión que habían venido con Pedro s
e quedaron atónitos de que también sobre los gentiles
se derramase el don del Espíritu Santo*

Hechos 10:45

Objetivos del capítulo

1. **Cognoscitivos**. Que el alumno sepa que además del Pentecostés de Jerusalén, hubo otras manifestaciones del Espíritu Santo entre los gentiles; otros "pentecosteses" para decirlo de alguna manera.
2. **Actitudinales**. Que el conocimiento de la omnipresencia de Dios le ayude a cambiar de actitud respecto de otras comunidades religiosas que son diferentes a la suya.
3. **Operacionales**. Que comparta experiencias de manifestaciones del Espíritu de otras comunidades cristianas

Base bíblica: Hechos 8:4-25; 10:1-48.

1. LA RESPUESTA APOSTÓLICA AL LLAMADO DEL ESPÍRITU. CONEXIONES DIVINAS

¿Qué significa para la misión de la iglesia que sea el mismo Espíritu Santo quien provoque el encuentro con otras culturas como fue el caso de Pedro y los demás apóstoles en Samaria y luego en la casa de Cornelius? Creemos que Dios está interesado en establecer conexiones divinas, pero sobre todo que su iglesia salga de sus cuatro paredes y vaya al encuentro de quienes aún no conocen a Dios.

Luego del acontecimiento de Samaria y de la Casa de Cornelius, el Espíritu Santo sigue su gloriosa manifestación traspasando fronteras de todo Tipo. Se movió de Jaffa a la gran ciudad de Éfeso acompañando antes al apóstol Pablo en Atenas y Corinto.

> Aconteció que entre tanto que Apolos estaba en Corinto, Pablo, después de recorrer las regiones superiores, vino a Éfeso, y hallando a ciertos discípulos, les dijo: ¿**Recibisteis el Espíritu Santo cuando creísteis?** Y ellos le dijeron: Ni siquiera hemos oído si hay Espíritu Santo. Entonces dijo: ¿En qué, pues, fuisteis bautizados? Ellos dijeron: En el bautismo de Juan. Dijo Pablo: Juan bautizó con bautismo de arrepentimiento, diciendo al pueblo que creyesen en aquel que vendría después de él, esto es, en Jesús el Cristo. Cuando oyeron esto, fueron bautizados en el nombre del Señor Jesús. Y habiéndoles impuesto Pablo las manos, vino sobre ellos el Espíritu Santo; y hablaban en lenguas, y profetizaban (Hechos 19: 1-6)

Éfeso fue en la antigüedad una localidad del Asia Menor, en la actual Turquía. Fue una de las doce ciudades jónicas a orillas del mar Egeo, situado entre el extremo norte de Panayr Dağ (el antiguo monte Pion) y la desembocadura del río Caístro y tenía un puerto llamado Panormo[30]

---

[30] "Éfeso" en: https://es.wikipedia.org/wiki/Efeso

3. LA MISIÓN EN ÉFESO

Para el Nuevo testamento Éfeso es una ciudad importante. San

Pablo permaneció más de dos años en Éfeso a partir del año 54. En aquella época debía existir una importante comunidad judía en Éfeso que contaba con una sinagoga (Hechos 19:1-35). Más tarde, también en Éfeso, hacia el año 57 el apóstol sufriría cautiverio. Algunos opinan que esto debió haberse producido más tarde, aunque no después del 63. Se cree que en esa época escribió su Epístola a los filipenses, además de la epístola a los efesios. Juan el Apóstol se trasladó a Éfeso hacia el año 62.

Uno de los aspectos de la cultura de los efesios con las que tuvo que lindar el evangelio fue la religiosidad y su culto a Artemisa o Diana de los Efesios. La llegada del evangelio provocó una violenta reacción de los efesios. De acuerdo con Wilton M. Nelson, *Diana* es el nombre latino de la diosa más célebre de Asia Menor, llamada *Artemisa* por los griegos.

> En la mitología clásica griega Artemisa era una hermosa cazadora virgen, una deidad lunar a la que se consideraba protectora de las jóvenes casaderas y ayudadora de las mujeres en tiempo de parto. En sus orígenes asiáticos había sido diosa de la naturaleza silvestre y de la fecundidad, con rasgos a veces feroces. Gracias al **sincretismo** de la época, la Diana de los romanos era una fusión de varias diosas primitivas. [31]

Diana de los efesios (Hechos 19.23–41) se parecía a Astarot o Asera, la hembra de Baal del AT. Era la diosa madre, símbolo de fertilidad y dadora de los alimentos. Daba la vida y la quitaba. Se creía que la imagen original cayó del cielo (Hechos 19:35), lo que tal vez

---

[31] Nelson, *op. cit*: 350

indica que el ídolo se formó con material de un meteorito. Por lo general, a Diana la representaban de la cintura a los pies por un trozo cónico de madera, con busto de mujer cubierto con muchos pechos (senos), la cabeza coronada con torrecillas y cada una de sus manos apoyada en un báculo.

El "babel" de Éfeso estaba representado por el culto a Diana o Artemisa[32]. Era un culto a la fertilidad, como el que se le daba a Astarot diosa hembra de Baal. Probablemente los efesios la veneraban con ritos impuros y prácticas misteriosas y mágicas [33].

No obstante, esa religiosidad, el Espíritu Santo operó entre los creyentes una transformación y Dios acompañó con poder el ministerio de Pablo de tal manera que tanto judíos como gentiles creyeron en Dios. Durante los años que permaneció "*hacía Dios milagros extraordinarios por mano de Pablo, de tal manera que aún se llevaban a los enfermos los paños o delantales de su cuerpo, y las enfermedades se iban de ellos, y los espíritus malos salían*" (Hechos 19: 11-12). Había sanidad y liberación.

Cuando el evangelio llega a una cultura extranjera se produce una fricción a nivel de la religiosidad, puesto que los pobladores tienen creencias antiguas y adoran a otros dioses. En tal situación el poder del evangelio transforma la cultura redimensionando el sentido de su religiosidad llevándolos a conocer al verdadero Dios.

CONCLUSIÓN

1. Los principios doctrinales son inamovibles, pero la forma de expresarlo definitivamente tiene que cambiar.

---

[32] W Stegemann, Ekkehard y Stegemann, Wolfgang. *Historia social del cristianismo primitivo. Los inicios en el judaísmo y las comunidades cristianas en el mundo mediterráneo*. Navarra: Ed. Verbo divino, 2001: 444. A Artemisa, hermana de Apolo, se le rendía en Éfeso un culto en cierto modo pre helenístico, representando más la fertilidad que la virginidad que significaba para los griegos.

[33] Merrill F. Unger & William White (eds.), *Diccionario Expositivo de palabras del Antiguo Testamento*. Nashville: Thomas Nelson, Inc. 1984:

2. Hemos aprendido que aun teniendo la verdad (como lo creía Pedro) Dios mismo nos sorprende mostrándonos que tiene otro pueblo que no es necesariamente ortodoxo según nuestro entendimiento.

ACTIVIDAD DE REFORZAMIENTO

1. ¿Cómo se expresa la religiosidad católica, protestante y de otros movimientos religiosos en México?
2. ¿Cómo habría que evangelizar a nuestras comunidades aborígenes? ¿nuestras etnias de origen milenario habrán tenido algún nivel de revelación de Dios antes que llegue el cristianismo?

SEGUNDA PARTE:

LA PREDICACION APOSTOLICA Y LA RESPONSABILIDAD SOCIAL DE LA IGLESIA

CAPÍTULO

9

LOS DONES EN LA PREDICACION APOSTÓLICA

No tengo plata ni oro, pero lo que tengo te doy;
*en el **nombre** de Jesucristo de Nazaret, levántate y anda*

Hechos 3:6

Objetivos del capítulo

1. **Cognoscitivos**. Que el alumno sepa que Dios repartió dones a su iglesia para que pueda cumplir la misión encomendada por Cristo. Que descubra además los métodos que Dios usa para la extensión del evangelio y la multiplicación de los convertidos.
2. **Actitudinales**. Que el alumno pueda tener una actitud de victoria y espíritu de poder frente a las necesidades y adversidades. Que sea capaz de responder con autoridad ante todo aquel que demande razón de su esperanza
3. **Operacionales**. Que en el Nombre de Jesús el alumno ejerza los dones que Dios puso en él en favor de los necesitados

Base bíblica: Hechos 3:1-9;

INTRODUCCION

Ahora que hemos dado un vistazo a la encarnación del evangelio en la propia cultura (judía) y en culturas extranjeras (la gentilidad) podemos volver nuestra mirada a un caso específico como es el del paralítico que pedía limosna en la puerta del Templo llamada la Hermosa.

En este pasaje de Hechos 3:1-9 se ve la acción del Espíritu de Dios en las personas de Pedro y Juan. La historia narrada por Lucas sigue dos momentos: el hecho de sanidad y segundo las consecuencias del hecho. Por un lado, la explicación del hecho que dio lugar a una predicación apostólica y luego la reacción de las autoridades. Veremos cómo lo narra Lucas y luego trataremos de entender lo que Dios nos muestra aquí.

1. LA RESPUESTA APOSTÓLICA A LAS NECESIDADES HUMANAS

EL HECHO DE SANIDAD

Pedro y Juan subían juntos al templo **a la hora novena, la de la oración**. Y era traído un hombre **cojo de nacimiento**, a quien ponían cada día a la puerta del templo que se llama la Hermosa, para que pidiese limosna de los que entraban en el templo. Este, cuando vio a Pedro y a Juan que iban a entrar en el templo, les rogaba que le diesen **limosna**. Pedro, con Juan, fijando en él los ojos, le dijo: Míranos. Entonces él les estuvo atento, esperando recibir de ellos algo. Mas Pedro dijo: **No tengo plata ni oro, pero lo que tengo te doy; en el nombre de Jesucristo de Nazaret, levántate y anda.** Y tomándole por la mano derecha le levantó; y al momento se le afirmaron los pies y tobillos; y saltando, **se puso en pie y anduvo; y entró con ellos en el templo, andando, y saltando, y alabando a Dios**. Y todo el pueblo le vio andar y alabar a Dios. **Y le reconocían** que era el que se sentaba a pedir limosna a la puerta del templo, la Hermosa; **y se llenaron de asombro y espanto** por lo que le había sucedido (Hechos 3:1-10)

Hemos resaltado en **negritas** las partes que queremos comentar. En primer lugar, el contexto en que ocurre el milagro de sanidad. Estaban subiendo al Templo a la hora novena la de la oración. La hora novena era las 3 de la tarde. Era la hora seguía del sacrificio en la tarde. Ellos sabían que el sistema basado en los sacrificios había sido cumplido con en el sacrificio perfecto que Jesús ofreció en la cruz. Quizá, aun en ese entonces, esta hora del día, tenía un significado especial para ellos porque era la hora cuando Jesús gritó en la cruz: Consumado es (Juan 19:30)

> Los judíos oraban tres veces al día. Por la mañana, en la tarde y al anochecer. Esas plegarias se llamaban **Shajarit** (plegaria matutina) **Minjá** (plegaria de la tarde) y Arvit o **Maariv** (plegaria del anochecer). La leyenda judía enseñaba que la costumbre de orar tres veces por día fue introducida originalmente por los Patriarcas Abraham, Isaac y Jacob. Abraham introdujo la plegaria a la mañana, Isaac por la tarde y Jacob agregó una por la noche. El Rey David, por ejemplo, oraba tres veces por día y Daniel (en Babilonia) oraba tres veces diarias mirando en dirección a Jerusalén[34]

Como quiera que sea, era una costumbre maravillosa porque permitía una comunión permanente con Dios.

En segundo lugar, **el cojo de nacimiento que pedía limosna en la puerta del templo llamada La Hermosa.** Todo el mundo lo conocía y sabía de su enfermedad. Incluso además de tolerar el hecho que se ubicara en la puerta del Templo, lo ignoraban y pasaban por alto. Tal vez le daban una limosna para calmar su conciencia, pero nada más. Lo dejaban allí postrado. De modo que el cojo solo esperaba de ellos una limosna, pero jamás pensó que Dios lo iba a mirar. El esperaba recibir algo de la gente, pero no su sanidad. Cuando pasaron Pedro y Juan, fijando sus ojos en él les dijo: **Míranos**. Ese "míranos" podría dar a entender "míranos quienes somos", los que

---

[34] http://www.jabad.org.ar/biblioteca/de-la-vida/desarollo-personal/las-tres-plegarias-diarias/

hemos caminado con Jesús, o "míranos, nosotros somos del pueblo y conocemos tu necesidad".

En tercer lugar, está la respuesta de Pedro y Juan a la solicitud del cojo. "**No tengo plata ni oro, pero *lo que tengo te doy*; en el nombre de Jesucristo de Nazaret, levántate y anda**". Pedro no tenía dinero, pero sí tenía autoridad de Jesús para sanar a los enfermos (lo que tengo te doy). Pedro sentía que Dios lo usaría para sanar a otros, porque Jesús lo había entrenado en eso (Lucas 9:1-6). "Lo que tengo te doy" quiere decir que era consciente que Dios le había otorgado *dones de poder* para sanar enfermos. Pero el Don mayor es el Don del Espíritu Santo que sobrepuja todos los demás dones.

Acto seguido viene la declaración más poderosa que puede haber: **¡en el Nombre de Jesucristo de Nazaret, levántate y anda!** La expresión "Jesús, el de Nazaret" se había usado durante el ministerio de Jesús para menospreciarlo. Ya Natanael había dicho en una ocasión "¿De Nazaret puede salir algo bueno?" (Juan 1:46). Ahora Pedro lo usa para ensalzar el precioso **Nombre** de Jesús. Aquel que había sufrido y vivido entre los más pobres de la tierra (el galileo de Nazaret) se manifestaba a través de Pedro para levantar al cojo de su condición de postración. Es en su Nombre --que es sobre todo nombre-- que Dios obra, porque **en el Nombre de Jesús** está escondido y revelado a la vez el **Nombre de Yahvé**. El mismo es el *Yo Soy* del Antiguo Testamento. Aleluya.

> Y tomándole por la mano derecha le levantó; y al momento se le afirmaron los pies y tobillos; y saltando, **se puso en pie y anduvo; y entró con ellos en el templo, andando, y saltando, y alabando a Dios**. Y todo el pueblo le vio andar y alabar a Dios. **Y le reconocían** que era el que se sentaba a pedir limosna a la puerta del templo, la Hermosa; **y se llenaron de asombro y espanto** por lo que le había sucedido (Hechos 3:7-10)

2. EL MILAGRO Y LA PREDICACION APOSTÓLICA.

Por el **Nombre** de Jesús el cojo se puso de pie, entró al Templo, se puso a andar y saltando de gozo alabó a Dios. **El pueblo que sabía de él se llenó de asombro y espanto**. Cada que Dios actúa produce asombro y temor (Hechos 2:43; 5:5; 19:17). Que la gente se queda atónita o perpleja lo vemos en los siguientes pasajes de Hechos: Atónitos y maravillados (Hechos 2: 7): Atónitos y perplejos (2:12) el pueblo atónito (3:11) Simón estaba atónito (8: 13) al oír la voz de Jesús lo hombres que iban con Saulo se pararon atónitos (9: 7) los fieles de la circuncisión quedaron atónitos (10:45) los que oía a Pablo en la sinagoga de Damasco estaban atónitos (9:21) los discípulos al ver liberado a Pedro de la cárcel quedaron atónitos (12:16)

LA PREDICACIÓN APOSTÓLICA COMO EXPLICACION DEL MILAGRO

La manera que Dios tiene para llamar a la gente a la conversión es a través de milagros y sanidades. Este es el método divino. Cualquier otro puede tener su valor, pero no hay como éste. El reino de Dios no consiste en palabras, sino en demostración de poder. El apóstol Pablo le dijo a los corintios: "ni mi palabra ni mi predicación fue con palabras persuasivas de humana sabiduría, sino con demostración del Espíritu y de poder, para que vuestra fe no esté fundada en la sabiduría de los hombres, sino en el poder de Dios" (1 Corintios 2:4-5).

La respuesta apostólica a las necesidades humanas es a todas luces una respuesta espiritual en el poder de Dios. Igual que Pedro y Juan, en un contexto de oración, la iglesia de hoy debe responder con portentos y señales. De esta manera, y solo de esta, es que la sociedad verá la mano de Dios. Nada en la tierra, ningún método evangelístico o de plantación de iglesias por más bueno que sea, puede competir con el método de Dios. Los milagros, las sanidades y las operaciones del Espíritu, son señales evidentes que el Reino de Dios ha llegado ya. Sin esas manifestaciones no será posible una cosecha poderosa de almas.

Estudiando el pasaje, podemos notar la siguiente secuencia de ideas de la predicación de Pedro:

1. (11-12) Introducción: ¿Por qué creen que nosotros hemos hecho algo grande?
2. (13-15) Predicación acerca de Jesús.
3. (16) Explicación de cómo el hombre fue sanado
4. (17-18) Recordatorio de los sufrimientos de Jesús
5. (19-21) Pedro los llama al arrepentimiento
6. (22-26) Pedro advierte del peligro de rechazar a Jesús.

En resumidas cuentas, Pedro aprovecha la sanidad del cojo para predicar de Jesús con la consiguiente respuesta de la gente:

"muchos de los que habían oído la palabra, creyeron; y el número de los varones era como **cinco mil**" ¿Qué otro método de evangelización en un pueblo no tan grande puede producir una tal cosecha de almas?

CONCLUSIÓN

1. La **ética del Nombre de Jehová** es la ética del **Nombre de Jesús**. Es en su Nombre que traeremos liberación al pueblo oprimido.
2. No hay quien pueda resistir a una predicación hecha en el nombre de Jesús y no hay enfermedad que se resista al Nombre de Jesús

ACTIVIDAD DE REFORZAMIENTO

1. ¿Qué significa para ti el Nombre de Jehová y el Nombre de Jesús? ¿Qué relación le ves a ambos nombres?
2. ¿Cuál sería para ti el imperativo ético y a qué necesidades de tu Colonia respondería?

CAPÍTULO

10

HACIA UNA ETICA DEL NOMBRE DE JESUS

No tengo plata ni oro, pero lo que tengo te doy;
*en el **nombre** de Jesucristo de Nazaret, levántate y anda*

Hechos 3:6

Objetivos del capítulo

1. **Cognoscitivos**. Que el alumno sepa que Dios repartió dones a su iglesia para que pueda cumplir la misión encomendada por Cristo. Que descubra además los métodos que Dios usa para la extensión del evangelio y la multiplicación de los convertidos.
2. **Actitudinales**. Que el alumno pueda tener una actitud de victoria y espíritu de poder frente a las necesidades y adversidades. Que sea capaz de responder con autoridad ante todo aquel que demande razón de su esperanza
3. **Operacionales**. Que en el Nombre de Jesús el alumno ejerza los dones que Dios puso en él en favor de los necesitados

Base bíblica: Hechos 3:1-9.

1. LA AUTORIDAD DEL NOMBRE Y LAS AUTORIDADES CIVILES

Luego de una predicación poderosa, viene la inmediata reacción de las autoridades civiles y religiosas que ven en esta obra de sanidad un peligro para su estatus y prestigio. El texto dice:

Hablando ellos al pueblo, vinieron sobre ellos los sacerdotes con el jefe de la guardia del templo, y los saduceos, **resentidos de que enseñasen al pueblo, y anunciasen en Jesús la resurrección de entre los muertos**. Y les echaron mano, y los pusieron en la cárcel hasta el día siguiente porque era ya tarde (Hechos 4:1-4)

Es probable que fueran saduceos muchos de ellos, porque no creían en la resurrección de Cristo ni en ángeles. Estaban *"resentidos de que enseñasen al pueblo, y anunciasen en Jesús la resurrección de entre los muertos"* (Cf. Mateo 22:23 y Marcos 12:18). Los arrestaron por enseñar ideas peligrosas, tales como que Jesús fue resucitado de entre los muertos, y por sanar a un hombre que había sido cojo su vida entera. Muchas veces el evangelio anuncia realidades que rebasa las creencias de la gente. En este caso los saduceos pensaban que después de esta vida no había nada más. Sin embargo, el significado de la resurrección era que la Vida triunfó sobre la muerte, y hay una vida después de esta vida. Hay una esperanza mayor para este mundo y Jesús es el camino para llegar a un mundo nuevo. Esa esperanza tenía su base en la resurrección de Jesús (Juan 11:25-26). "En Él estaba la vida, y la vida era la luz de los hombres" (juan 1:4)

Después de ponerlos en la cárcel viene la intimidación con amenazas de muerte (4:17-21).
Toman acuerdo y dicen: "¿Qué haremos con estos hombres? Porque de cierto, *señal manifiesta ha sido hecha por ellos, notoria a todos los que moran en Jerusalén, y no lo podemos negar*. Sin embargo, para que no se divulgue más entre el pueblo, amenacémosles para que no hablen de aquí en adelante a hombre alguno en este nombre. **Y llamándolos, les intimaron que en ninguna manera hablasen ni enseñasen en el nombre de Jesús**" (4:16-18)

Pedro y Juan con mucho respeto, pero con autoridad argumentaron: "Juzgad si es justo delante de Dios obedecer a vosotros antes que a Dios; porque no podemos dejar de decir lo que hemos visto y oído" (4:19). Y los soltaron porque 1) no hallaron delito en esto, 2) porque tenían temor que el pueblo se les viniera encima y por la evidencia del milagro de sanidad después de 40 años de enfermedad (4:21-22)

Las amenazas sonarían algo así: "Si siguen predicando los arrestaremos y los golpearemos", o "Si siguen predicando lastimaremos a sus familias" peor aún: "Recuerden lo que le hicimos a Jesús"

2. EL PODEROSO NOMBRE DE JESÚS. HACIA UNA ÉTICA DEL NOMBRE

El gran problema de fondo es la proclamación del **Nombre de Jesús** y su resurrección. Todo el capítulo 4 discurre sobre el impacto del Nombre de Jesús.

Intimidados como estaban los apóstoles clamaron a Dios y dijeron: "...Señor, mira sus amenazas, y concede a tus siervos que con todo denuedo hablen tu palabra, mientras extiendes tu mano para que se hagan sanidades y señales y prodigios mediante **el nombre de tu santo Hijo Jesús**. Cuando hubieron orado, **el lugar en que estaban congregados tembló**; y todos fueron llenos del Espíritu Santo, y hablaban con denuedo la palabra de Dios" (4:29-31).

Después de esta oración de confianza Dios mismo, como en el antiguo Sinaí, se manifestó con un temblor y los empoderó aún más con su Espíritu Santo (Lea Éxodo 19:18)

Toda la corte de autoridades (los gobernantes, los ancianos y los escribas, y el sumo sacerdote Anás, y Caifás y Juan y Alejandro, y todos los que eran de la familia de los sumos sacerdotes) en grupo les preguntaron: **¿Con qué potestad, o en qué nombre, habéis hecho vosotros esto?**

La respuesta sirvió para que de nuevo predicasen de Jesús (4:8-12) pero esta vez a las autoridades civiles y religiosas. Nada ocurre por casualidad. Dios tiene siempre sus propósitos y nos usa en la peor adversidad. Según 21:12 Jesús ya les había advertido: "Pero antes de todas estas cosas [antes de la destrucción de Jerusalén y del fin del mundo] os echarán mano, y os perseguirán, entregándoos a las sinagogas y cárceles, llevándoos ante reyes y gobernadores por causa de mi nombre".

La respuesta a la pregunta fue contundente, con autoridad y sin temor: Lo hicimos "en el Nombre de Jesús de Nazaret...[porque] en ningún otro hay salvación; porque no hay otro nombre bajo el cielo, dado a los hombres, en que podamos ser salvos" (Hechos 4: 10, 12)

Después de esta ocasión los apóstoles siguieron predicando con autoridad del nombre de Jesús. Así que --para resumir-- los volvieron a meter en la cárcel (5:18) pero un **ángel del Señor** los liberó y los animó a seguir predicando en el Templo (5: 19-20). Nuevamente fueron interrogados por el sumo sacerdote acerca del Nombre: "¿No os mandamos estrictamente que no enseñaseis *en ese nombre*? Y *ahora habéis llenado a Jerusalén* de vuestra doctrina, y queréis echar sobre nosotros la sangre de **ese hombre**". El sumo sacerdote dice "ese hombre" hablando de Jesús, porque no podía o no quería pronunciar su Nombre.

La respuesta apostólica es una vez más muy contundente: Es nec e-sario obedecer a Dios antes que a los hombres (5:29). De aquí se desprende lo que podíamos llamar el **imperativo categórico**[35] de hablar todo el tiempo del Nombre de Jesús. Nada ni nadie impedirá que pronunciemos y prediquemos su Nombre que es sobre todo Nombre, el Nombre de Jesús. Esa es la ética del Nombre.

En Éxodo 5:1-2 hubo una situación similar acerca del **Nombre**. "Después Moisés y Aarón entraron a la presencia de Faraón y le dijeron: Jehová el Dios de Israel dice así: Deja ir a mi pueblo a cel e-brarme fiesta en el desierto. Faraón respondió: ¿Quién es Jehová, para que yo oiga su voz y deje ir a Israel? Yo no conozco a Jehová, ni tampoco dejaré ir a Israel". Acto seguido impuso cargas más p e-sadas aún al pueblo de Israel (Éxodo 5_4-9). "Entonces Moisés se volvió a Jehová, y dijo: Señor, ¿por qué afliges a este pueblo? ¿Para qué me enviaste? Porque desde que yo vine a Faraón para hablarle **en tu nombre**, ha afligido a este pueblo; y tú no has librado a tu pueblo (Éxodo 5:22-23)

Jehová respondió a Moisés: Ahora verás lo que yo haré a Faraón; porque con mano fuerte los dejará ir, y con mano fuerte los echará de su tierra. Habló todavía Dios a Moisés, y le dijo: Yo Soy JEHOVÁ. Y aparecí a Abraham, a Isaac y a Jacob como Dios Omnipotente, más en mi **nombre** JEHOVÁ no me di a conocer a ellos (Éxodo 6:1-3) (...) dirás a los hijos de Israel: Yo Soy JEHOVÁ; y yo os sacaré de d e-bajo de las tareas pesadas de Egipto, y os libraré de su servidu m-bre, y os redimiré con brazo extendido, y con juicios grandes; y os tomaré por mi pueblo y seré vuestro Dios; y vosotros sabréis que

---

[35] El concepto "imperativo categórico" es una idea central en la ética del filósofo Enmanuel kant (de raíces luteranas), Para Kant el im perativo es un mandamiento autónomo y autosuficiente, capaz de regir el comportamiento humano en todas sus manifestaciones. Lo que no explica cómo nace. Creemos que, de una fuerza interior, pero en este caso proviene del Nombre del Señor.

Yo Soy Jehová vuestro Dios, que os sacó de debajo de las tareas pesadas de Egipto. Y os meteré en la tierra por la cual alcé mi mano jurando que la daría a Abraham, a Isaac y a Jacob; y yo os la daré por heredad. Yo JEHOVÁ (Éxodo 6: 6-8)

CONCLUSIÓN

1. En la misión encarnada en nuestro pueblo los dones del Espíritu operan poderosamente tanto que pueden no solo sanar enfermos, sino también abrir las cárceles y maravillar a las mismas autoridades o gobernadores.

2. La respuesta apostólica a las necesidades humanas es sin duda una respuesta con milagros portentos y señales. Este es el método de Dios y él mismo se encargará de traer a la iglesia los que han de ser salvos.

ACTIVIDAD DE REFORZAMIENTO

1. ¿Cómo predicarías el Nombre de Jesús en un contexto de persecución o de adversidad?

2. ¿Tienes ya el Don del Espíritu Santo? Luego, ¿tienes dones particulares del Espíritu Santo?

CAPÍTULO

11

LA MISERICORDIA Y LA ENCARNACIÓN DEL EVANGELIO

Alguno dirá: Tú tienes fe y yo tengo obras.
Muéstrame tu fe sin las obras, y yo te mostraré mi fe por mis
obras"

Santiago 2:18

Objetivos del capítulo

1. **Cognoscitivos**. Que el alumno aprenda que la proclamación del evangelio debe incluir obras de misericordia (asistencia social) como la manera más eficaz de encarnar el evangelio
2. **Actitudinales**. Con una actitud y perspectiva de desarrollo, el o la estudiante debe proyectarse para una inserción en la cultura
3. **Operacionales**. Que el alumno proyecte, sugiera e implemente obras de misericordia como parte integral de su tarea misionera

Base bíblica: Hechos 6:1-6; Lucas 10:25-37; Isaías 9:1

INTRODUCCION

Lucas en su evangelio ha subrayado más que ningún otro evangelista la pobreza de Jesús desde su infancia: cuando nace, lo acuestan en un pesebre, "porque no encontraron sitio en la posada" (Lucas 2:7). La predilección de Jesús por los pobres la pone de manifiesto cuando los ángeles no anuncian el nacimiento del Salvador a la corte de Jerusalén, ni a los sumos sacerdotes, sino a "los pobres pastores de Belén, que pasaban la noche a la intemperie, velando el rebaño por turno" (2: 8-20). Esta vida tan dura y pobre los capacita para creer en que un niño recién nacido pueda ser el Mesías, el Señor, y les permite glorificar y alabar a Dios.

La formulación de la bienaventuranza "Dichosos vosotros los pobres, porque de vosotros es el Reino de Dios" (Lucas 6:20) denota este interés del autor del tercer evangelio.

Incluye como malaventurados a los ricos "Ay de vosotros los ricos, porque ya habéis recibido vuestro consuelo" (Lucas 6:24). Pero Lucas no es demagogo, a lo largo del relato deja claro también que Jesús tiene amigos ricos: Juana (8: 3), Zaqueo (19: 2-10), José de Arimatea (23:20-53).

1. POBREZA Y RIQUEZA CONTRASTADOS

La exaltación de la pobreza y la crítica de la riqueza en la teología de Lucas es importante para comprender el libro de los Hechos. Vemos cómo la comunidad intenta vivir un ideal de pobreza, compartiendo los bienes y atendiendo a las necesidades de los más pobres. Por el lado contrario, las señoras distinguidas de Antioquia promueven una revuelta contra Pablo (Hech. 13: 50), y los plateros ricos de Éfeso se convierten en grandes perseguidores suyos, porque les echa por tierra el negocio de estatuillas religiosas (Hech. 19: 24-29).

Lucas registra también con alegría que "no pocas mujeres principales" de Tesalónica se juntaron a Pablo y Silas (Hech. 17: 4) y también se unieron "señoras distinguidas" en Berea (Hech. 17: 12).

Pese a esta visión equilibrada, sin embargo, Lucas pone especial atención a las necesidades de los más pobres o débiles. Entre ellos las mujeres, los ancianos y los niños. En la lección 5 anterior vimos cómo Dios se fijó en un pobre hombre enfermo y marginal, el cojo de la puerta la Hermosa del Templo.

2. LA CONDICIÓN DE LAS VIUDAS, POBRES Y HUÉRFA-NOS

En el siglo I de nuestra Era, Israel (o Palestina) estaba bajo dominio romano (desde el 63 a. C. por Pompeyo), siendo emperadores Augusto y Tiberio (hacia el 37 d.C.), de la dinastía Julio-Claudia y gobernador provincial Poncio Pilatos.

Los judíos, aunque bajo dominio romano, mantenían su rey, la Ley (Thorá) y sus leyes. Los reyes de esta época fueron Herodes el Grande, Arquelao y Herodes Antipas (todos ellos elegidos por el Senado Romano). Estos reyes, junto con el Sanedrín, se encargaban de hacer cumplir la ley judía. Los romanos se reservaban los asuntos de Estado, los "de enorme importancia" y las penas de muerte. A parte, recibían los tributos correspondientes a una provincia imperial.

La sociedad palestina del siglo I estaba llena de jerarquías y divisiones sociales. Libres y esclavos, circuncisos e incircuncisos, judíos y samaritanos, hombre y mujer, los que hablaban griego y los que no, ricos y pobres, diferentes sectas o escuelas judaicas, etc. Esto es fundamental para comprender el mensaje de Jesús y el porqué de su reacción. La misma religión judía establecía estas jerarquías en muchos casos y propiciaba divisiones enormes que chocaron al Galileo[36].

---

[36] Información ofrecida por D.S.P. *Contexto político, social, cultural y religioso de palestina en tiempos de Jesús* publicado en Hágase la Semana Santa [En línea] en: http://cofrades.sevilla.abc.es/profiles/blogs/contexto-politico-social (consultado el 19.09.2017)

Según el informe del especialista Xabier Pikaza, la Biblia muestra una ley muy especial de parte de Dios para proteger a los no privilegiados (viudas, huérfanos, forasteros). Veamos

(1) **Viuda** ('almanah) es una mujer que no recibe ayuda económica o protección social de ningún varón, sea porque su marido ha muerto, sea porque ha sido abandonada y queda sola, sin padres, hermanos, hijos o parientes que cuiden de ella. En el contexto patriarcalista y violento del entorno la Biblia, para una mujer, era imposible vivir sola, pues la unidad fundante y el espacio base de existencia era la "casa" (ab-bet-) y fuera de ella una mujer se volvía prostituta o vagaba sin sentido por la tierra.

(2) **Huérfano** (yatom) es el niño o menor sin familia que le ofrezcan casa, es decir, protección jurídica, espacio de vida social y capacidad de desarrollo económico. Por eso está a merced del capricho o prepotencia de los poderosos del entorno. La tradición israelita ha vinculado siempre a huérfanos y viudas, situándoles sobre un mismo campo de necesidades y haciéndoles objeto de cuidado especial por parte del resto de la sociedad (cf Is 1,23; Jr 49,1; Job 22, 9; 24,3; Lam 5, 3). Por eso dice que Yahvé es Padre de huérfanos, Juez de viudas (Sal 68,6): toma bajo su protección sagrada de padre ('Ab) el cuidado/educación de los huérfanos, apareciendo al mismo tiempo como defensor o juez (Dayan) de las viudas. Así se muestra como fuente de familia para aquellos que carecen de ella.

(3) **Forasteros** o gerim son los que residen (gur) en la tierra israelita, pero sin formar parte de la institución sagrada de las tribus. No se han integrado en la estructura económico/social y religiosa del pueblo de la alianza, pero tampoco conservan el derecho del país del que provienen con sus propias estructuras sociales, fami-

liares, religiosas; por eso, carecen de protección jurídica y/o nacional.[37]

CONCLUSIÓN

1. Hacer obras de misericordia, practicar la ayuda o asistencia social organizada junto con la proclamación del evangelio, es la forma más eficaz de encarnar el evangelio.
2. El servicio de misericordia es una responsabilidad de cada uno en particular, pero debe hacerse en equipo (a nivel local, distrital y nacional) para dar testimonio de unidad.

ACTIVIDAD DE REFORZAMIENTO

1. ¿Cuál es la situación socio económica de la iglesia a la que asistes y de la Colonia en la que vives? ¿Se atiende eficazmente a las viudas, a los pobres y a los ancianos?
2. ¿Qué obras de misericordia sugieres que se haga como iglesia o desde el Distrito Eclesiástico para mitigar en parte la pobreza de la Colonia en la que vives o de aquella que conozcas que pasa necesidades?

---

[37] J. Fensham, *"Widow, Orphan the Poor in Ancient Legal and Wisdom literature"*: JNES 21(1962) 129-139 citado por Xabier Pikaza, "Amor a los huérfanos, viudas y extranjeros en el AT" *El camino de la Palabra 21. La revista cristiana de Hoy* [en línea] http://blogs.21rs.es/pikaza/2012/11/08/amor-a-los-huerfanos-viudas-y-extranjeros-en-el-at1/ (consultado el 19.09.2017)

CAPÍTULO

12

EL MINISTERIO DE LA PALABRA Y LA ACCION SOCIAL

Alguno dirá: Tú tienes fe y yo tengo obras.
Muéstrame tu fe sin las obras, y yo te mostraré mi fe por mis
obras"

Santiago 2:18

Objetivos del capítulo

1. **Cognoscitivos**. Que el alumno aprenda que la proclamación del evangelio debe incluir obras de misericordia (asistencia social) como la manera más eficaz de encarnar el evangelio
2. **Actitudinales**. Con una actitud y perspectiva de desarrollo, el o la estudiante debe proyectarse para una inserción en la cultura
3. **Operacionales**. Que el alumno proyecte, sugiera e implemente obras de misericordia como parte integral de su tarea misionera

Base bíblica: Hechos 6:1-6; Lucas 10:25-37; Isaías 9:1

1. LA DIACONÍA COMO RESPUESTA A LAS NECESIDADES HUMANAS

Después de Pentecostés ocurrido en el 33 d.C., los judíos y prosélitos de otros lugares que se hicieron discípulos en aquella ocasión permanecieron en Jerusalén por algún tiempo para aprender más de la fe verdadera. Cuando era necesario, los compañeros creyentes los ayudaban con gusto a llevar la carga que suponía quedarse allí tanto tiempo (Hechos 2:7-11, 41-44; 4:32-37).

Puede ser que las necesidades de los hermanos aumentaran como consecuencia de los disturbios civiles, dado que los judíos nacionalistas fomentaban la rebelión y los ataques violentos de las turbas. A fin de que ningún seguidor de Cristo padeciera hambre, se distribuían diariamente alimentos a las viudas necesitadas (Hechos 6:1-6). Se trataba de la diaconía como parte de la misión.

Herodes se empeñó en perseguir a la congregación, y a mediados de los años 40 de la era común, una terrible hambruna asoló Judea[38].

Flavio Josefo lo cuenta así:

> "5. Elena, la madre del rey, veía que la paz reinaba en el reino [de Adiabana] y que su hijo [Izates] era feliz y envidiado de todos, incluso entre los pueblos extranjeros, gracias a la providencia divina. Deseó visitar la ciudad de Jerusalén para postrarse en el Templo de Dios, célebre en todo el mundo, y ofrecer sacrificios de acción de gracias. Para ello pidió permiso a su hijo. Izates accedió al pedido de su madre; hizo grandes preparativos para el viaje y le entregó una fuerte cantidad de dinero. Descendió, pues, a la ciudad de Jerusalén, acompañándole su hijo durante un largo trecho. Su llegada resultó sumamente provechosa para Jerusalén, pues en aquel momento la ciudad sufría por el hambre y muchos morían a causa de la indigencia. La reina Elena envió a algunos de sus esclavos, unos a Alejandría para que compraran trigo, otros a Chipre para que trajeran un cargamento de higos. Regresaron lo antes posible, y ella distribuyó estos alimentos a los nativos, dejando por este motivo un recuerdo imperecedero en nuestro pueblo. Su hijo Izates, cuando supo que en Jerusalén pasaban

---

[38] Según informa del historiador judío Flavio Josefo, en la década de los 40 del Siglo I d. C. hubo una gran hambre en Jerusalén durante el tiempo de Izates, rey de Adiabana, y su madre, la reina Elena. Cf. Flavio Josefo, *Antigüedades de los judíos*, Libro XX, Capítulo II, 5.

hambre, envió una gran cantidad de dinero a los principales de la ciudad. Pero contaremos más adelante todo lo que estos reyes han hecho en beneficio de nuestro pueblo."

En lo que respecta a los seguidores de Jesús, tales circunstancias quizá resultaron en lo que Pablo llamó "sufrimientos", "tribulaciones" y "el saqueo de sus bienes" (Hebreos 10:32-34; Hechos 11:27–12:1). Hacia el año 49 de la Era cristiana, la situación era aún más grave. Tras concordar en que Pablo se concentrara en predicar a los gentiles, Pedro, Santiago y Juan lo instaron a que 'tuviera presentes a los pobres'. Eso fue lo que Pablo procuró hacer (Gálatas 2:7-10).

Lucas observa que los apóstoles buscaron organizar a la iglesia para atender a las necesidades de los pobres.

En aquellos días, como creciera el número de los discípulos, hubo murmuración de los griegos contra los hebreos, de que las viudas de aquéllos eran desatendidas en la distribución diaria. Entonces, los doce convocaron a la multitud de los discípulos, y dijeron: **No es justo que nosotros dejemos la palabra de Dios, para servir a las mesas.** Buscad, pues, hermanos, de entre vosotros a siete varones de buen testimonio, llenos del Espíritu Santo y de sabiduría, a quienes encarguemos de este trabajo. Y nosotros persistiremos en la oración y en el ministerio de la palabra. Agradó la propuesta a toda la multitud; y eligieron a Esteban, varón lleno de fe y del Espíritu Santo, a Felipe, a Prócoro, a Nicanor, a Timón, a Parmenas, y a Nicolás prosélito de Antioquía; a los cuales presentaron ante los apóstoles, quienes, orando, les impusieron las manos. Y crecía la palabra del Señor, y el número de los discípulos se multiplicaba grandemente en Jerusalén; también muchos de los sacerdotes obedecían a la fe (Hechos 6:1-7)

La diaconía fue el medio que la comunidad apostólica utilizó para responder a las necesidades sociales. Se organizaron para atender bien a la gente. Como dijimos en la Lección 3, era una forma de *solidaridad orgánica*. Una elección democrática en la que intervinieron armoniosamente las autoridades de la iglesia y la multitud de los discípulos.

2. EL MINISTERIO DE LA PALABRA Y LA OBRA DE MISERICORDIA

Una reflexión final sobre lo que los apóstoles dijeron: *No es justo que nosotros dejemos la palabra de Dios, para servir a las mesas*. ¿Se trataba acaso de una división social del trabajo?

> Se conoce como división del trabajo es la especialización y cooperación de las fuerzas laborales en diferentes tareas y roles, con el objetivo de mejorar la eficiencia. A lo largo de los siglos la diversidad de trabajos se ha ido dividiendo por especialidades a fin de lograr la eficacia.

Servir a las mesas no es un término despectivo para el servicio, sino la comprensión de la necesidad de una división de responsabilidades pastorales entre el pueblo de Dios. Estos no eran los cargos, pero delegaron funciones. La proclamación del evangelio era la prioridad por sobre algunos ministerios necesarios. Los Apóstoles fueron los únicos llamados y calificados para esta tarea. Nadie podía sustituirles. Esta no era una situación de "individuos" sino de la "colectividad". Se trataba de dar testimonio público y de ofrecer un mensaje de en equipo.

El servicio diaconal (valga la redundancia) no era exactamente un cargo, sino una función. No es justo estar **sirviendo a las mesas** (Gr. *diakonein trapezais*) dijeron los apóstoles, cuando tenemos la urgencia de predicar la Palabra. Es mejor compartir las tareas, así predicamos la Palabra y al mismo tiempo otros, como parte del mismo equipo, servimos a la gente. El ministerio de la palabra y el ministerio de servicio social trabajan mancomunadamente y son llamados a una misma causa.

El servicio de misericordia es una responsabilidad cristiana. Forma parte esencial de la misión de la Iglesia, junto con la proclamación del evangelio. Fe y Obras van de la mano: "alguno dirá: Tú tienes fe y yo tengo obras. Muéstrame tu fe sin las obras, y yo te mostraré mi fe por mis obras" (Santiago 2:18)

En la parábola del *Buen Samaritano* Jesús preguntó ¿Quién de estos tres te parece haberse hecho prójimo del que cayó entre los salteadores?". La respuesta que recibió fue: "El que actuó misericordiosamente para con él" (Lucas 10:25, 29-37a). En efecto, la bondad del samaritano con el pobre viajero ilustra de forma muy gráfica lo que significa la verdadera misericordia. Lleno de compasión, el samaritano se enternece y hace todo lo posible por auxiliar al herido, y eso que lo considera un extranjero. La misericordia no sabe de barreras nacionales, religiosas o culturales. Luego, al terminar el relato del buen samaritano, Jesús le dice a su interlocutor: "Ve y haz tú lo mismo" (Lucas 10:37b).

Hacer obras de misericordia, practicar la ayuda o asistencia social junto con la proclamación del evangelio, es la forma más eficaz de encarnar el evangelio.

Para ejercer el apoyo de manera orgánica y organizada, dada la magnitud de la tarea, la Iglesia debería tener una **Secretaría de Asistencia social**.

- Por ejemplo, para la IAFCJ, la Secretaría de Asistencia Social es el organismo que difunde entre los creyentes e iglesias el deber bíblico y moral de ayudar al indigente, proteger al huérfano y a la viuda, y muy especialmente a aquellos ministros que lleguen a la ancianidad sin recursos económicos para complementar en esa forma el anuncio de las buenas nuevas de Jesucristo (Lucas. 4.17-20; Gálatas 6.10; Santiago 1.27).[39]

- Es la dependencia que promueve lo necesario para que los miembros de las iglesias locales, distritales y en general, contribuyan en la medida de sus posibilidades a mitigar los problemas sociales dentro de la comunidad cristiana, y hasta donde sea posible, a la sociedad ajena a los principios mencionados, que se les lleguen a presentar sea por orfandad, viudez, ancianidad o cualquier otra desgracia fortuita.
- Es la encargada de motivar, gestionar, recolectar y distribuir equitativamente los recursos económicos y de otro tipo que se logren recabar para compartir a los necesitados conforme a los reglamentos establecidos en cada caso.

CONCLUSIÓN

1. En la mente de Dios, los pobres, los huérfanos y las viudas, así como los ancianos, los extranjeros y los niños ocupan un lugar muy, pero muy especial (Proverbios 19:17)
2. Ayudar a los pobres a salir de su condición de exclusión es una obligación moral y un desafío misionero (Lucas 4:18)

---

[39] Cf. Más información sobre objetivos y tareas de la **Secretaría de Asistencia Social** en la página oficial de nuestra amada IAFCJ: http://www.iafcj.org/asistencia-social.

ACTIVIDAD DE REFORZAMIENTO

1. Reunidos en grupos de tres, den algunas ideas que puedan convertirse luego en proyectos de *asistencia* y *desarrollo* social de corta, mediana y larga duración.

2. De las varias acciones propuestas, elija la que crea más urgente e importante y conteste las siguientes preguntas. ¿Qué hacer, quien lo hará, cómo lo hará, cuando, en qué tiempo y con qué recursos?

CAPÍTULO

13

LA PAX ROMANA Y LA COMUNIDAD JUDIA

Pero, como no los encontraron, arrastraron a Jasón y a algunos
otros hermanos ante las autoridades de la ciudad, gritando:
"¡Estos que han revolucionado el mundo entero
también han venido acá!"

Hechos 17:6 (RVR 1977)

Objetivos del capítulo

1. **Cognoscitivos**. Que el alumno conozca a que se refiere la Biblia cuando habla de todo "el mundo habitado" (la *oikoumene*) y que sepa que debe buscar la transformación social
2. **Actitudinales**. Que desarrolle una actitud de apertura y diálogo con otras confesiones religiosas, así como una actitud crítica frente a los sistemas de gobierno mundial (los imperios), la globalización y el nuevo orden mundial
3. **Operacionales**. Que el alumno elabore propuestas concretas y viables de transformación social en un contexto de globalización y de Dominio imperial.

Base bíblica: Hechos 17: 1-9; Isaías 9:1-7;

INTRODUCCION

Cuando hablamos de transformación social nos referimos a las posibilidades de cambio que nuestras sociedades deben vivir en favor de una distribución equitativa del bien común. En el ámbito de las

Ciencias Sociales se emplea el término transformación social para referirse a todo el conjunto de alteraciones que se producen en las estructuras sociales como consecuencia de determinados factores culturales, políticos, económicos, etc.

De acuerdo con la Organización de las Naciones Unidas para la Educación, La Ciencia y la Cultura (UNESCO por si siglas en inglés):

> La globalización, los cambios medioambientales y las crisis económicas y financieras están causando importantes transformaciones sociales que provocan el aumento de las desigualdades, la extrema pobreza, la exclusión y la negación de los derechos fundamentales. Estos cambios hacen necesarias soluciones innovadoras que respeten valores universales como la paz, la dignidad humana, la igualdad de género, la no violencia y la no discriminación. Los actores principales de las transformaciones sociales son los jóvenes, que se ven más afectados por estos cambios[40].

Si bien nosotros no seguimos a pie juntillas todo lo que dice la UNESCO, al menos nos da una idea de lo que pasa a nivel mundial.

La **globalización** es un concepto que pretende definir la realidad de nuestro planeta como un todo conectado, que se va pareciendo más a una sola sociedad, más allá de fronteras nacionales, diferencias étnicas y religiosas, ideologías políticas y condiciones socio económicas o culturales.

Las consecuencias negativas de la globalización se muestran en la ampliación de la dependencia económica, cultural y política de los países del mundo, la cual es originada por el aumento insólito de la actividad internacional, el comercio mundial de bienes y servicios, el flujo de capitales, así como el avance de los medios de transporte. A ello se suman el uso de las nuevas tecnológicas de informa-

---

[40] UNESCO, *"Transformaciones sociales"* [En línea] en:
http://es.unesco.org/themes/transformaciones-sociales

ción y comunicación (TICs) tecnologías satelitales y especialmente la Internet.

1. EL MUNDO HABITADO EN LOS INICIOS DE LA ERA CRISTIANA

El mundo ha cambiado radicalmente desde que empezó la globalización en la edad media con los descubrimientos de otros mundos. Se puede decir incluso que en la historia universal se han producido *olas* globalizadoras y que hay varias teorías sobre su origen y fases. Varios analistas y estudiosos de la globalización coinciden en que, con la Revolución Industrial de 1771, se inicia la primera fase de la globalización moderna. Es la época en la que se inventa la máquina de vapor y se comienza una construcción de canales, como nunca se había visto en la historia de la humanidad. Tanto por lo novedoso de su construcción y por los materiales utilizados, así como por el mejor empleo de la energía hidráulica.

> Otro aporte interesante de acercamiento al análisis en el estudio de este proceso es el que ofrece el historiador francés Fernand Braudel, quien habla de las *globalizaciones* históricas que van desde la Fenicia antigua, pasando por el Imperio Romano, El Islam, la Europa cristiana. Subraya que toda globalización tiene cuatro aspectos interconectados: económicos, sociales, culturales y políticos. Otros autores como Göran Theborn, asumen la perspectiva de las fases del proceso de globalización en *seis olas* que va de la difusión de las religiones en el mundo entre los siglos IV y VII, hasta mediados de la década de 1980 del siglo XX cuando se inicia la ola más reciente[41].

---

[41] Mazzei Alfonzo, Jesús E. *Orígenes y fases de la globalización* en: Periódico EL UNIVERSAL (Edición Digital) Caracas, jueves 24 de noviembre, 2011.

En efecto, a inicios de la era cristiana se estaba dando una globalización del mundo conocido hasta entonces. Cuando los agitados judíos que querían prender a los apóstoles gritaban enardecidos "estos que trastornan **el mundo entero** han venido también acá", en el texto griego de la Biblia dice: "estos que trastornan la OIKOUMENE han venido también acá".

Una mención similar hace la epístola a los Hebreos 5:2: "Porque no sujetó a los ángeles el mundo venidero (la *oikoumene que está por venir*), acerca del cual estamos hablando". Aquí la oikoumene tal vez haga alusión a la salvación final cuando se complete la formación del Hombre Nuevo y emerjan los nuevos cielos y la nueva tierra con Jesucristo.

Ahora bien, ¿Qué era precisamente la *oikoumene* en la época apostólica? La oikoumene constituía todo el mundo habitado y conocido hasta entonces. Durante el período helenístico, o de los griegos, *oikoumene* hacía referencia a la parte de la Tierra que estaba habitada, ya fuera por toda la humanidad o sólo por un subconjunto de ésta. Con frecuencia se refería a las tierras habitadas por los griegos, excluyendo aquellas que estaban ocupadas por los bárbaros.

En el griego popular de la época del Imperio romano y en las Sagradas Escrituras, "*oikoumene*" significa literalmente mundo; sin embargo, por lo general se entendía que hacía referencia al *mundo romano* en su dimensión imperial y globalizadora. Emperadores como Julio César se hacía llamar dioses. *Julius Caesar Divus Domini* (Julio César, Divino Señor)

2. LA PAX ROMANA Y LA COMUNIDAD JUDÍA

Esta oikoumene estaba regida por lo que los italianos llamaban la **Pax Romana**. Fue también conocida como Pax Augusta que se caracterizó por la paz interior y la paz exterior organizada por Octavio Augusto[42]. Augusto fue el primer emperador romano que gobernó entre 27 a. C. y 14 d. C., año de su muerte, convirtiéndose así en el emperador romano con el reinado más prolongado de la historia.

La Paz augusta comprendió un largo periodo de estabilidad que vivió el Imperio romano, tanto por su calma interior como por su seguridad exterior, lo que le permitió alcanzar su máximo desarrollo económico y expansión territorial. Fue un imperio poderoso. La expresión Pax (paz) proviene del hecho de que la administración y el sistema legal romanos pacificaron las regiones que anteriormente habían sufrido disputas entre jefes, tribus, reyes o ciudades rivales. Marca una edad dorada que sería recordada de manera nostálgica en los turbulentos siglos posteriores en Occidente. Este fue el marco en que el Príncipe de Paz, nuestro Señor Jesucristo, habitó entre nosotros.

El Imperio romano alcanzó su máxima extensión geográfica en el siglo II: abarcaba desde el océano Atlántico en el oeste hasta el río Tigris en el este. El comercio se vio favorecido por las cada vez más seguras rutas de comunicación, lo que motivó el bienestar económico imperial. Esta prosperidad se vio reflejada en las ciudades,

---

[42] Nacido bajo el nombre de Cayo Octavio Turino (Gaius Octavius Turinus), fue adoptado por su tío abuelo Julio César en su testamento, en el año 44 a. C. Desde ese instante hasta 27 a. C. pasó a llamarse Cayo Julio César Octaviano (Gaius Iulius Caesar Octavianus). En 27 a. C. el Senado le concedió usar el sobrenombre de «Augusto», y por consiguiente se convirtió en el Emperador César Augusto (Imperator Caesar Augustus).

que se embellecieron y asentaron en detrimento del campo como centros de romanización y de cultura. Según la Enciclopedia Británica[43] la Pax romana duró 206 años, entre el año 27 a. C. y el año 180 d. C.

El nuevo orden mundial restablecido primero por la victoria de Pompeyo en Oriente y luego consolidado por Augusto, trajo un prolongado período de paz y prosperidad a las áreas romanas y griegas ya "civilizadas" del Imperio. La pax romana permitía a los romanos extraer los bienes de las gentes sometidas en forma de tributos, para mantener el aparato militar y pacificar a las masas romanas con "pan y circo".

Este nuevo orden mundial establecido por Roma significó, sin embargo, la desilución y el *desorden* para las gentes subyugadas de Oriente Medio, como judíos y galileos. Las fuerzas romanas, al conquistar y reconquistar, volvían a masacrar y esclavizar a los habitantes y a destruir casas y poblados, particularmente en las áreas de la actividad de Jesús, en torno a Nazaret y Cafarnaúm.

> En la época del apóstol Pablo el término oikoumene estaba asociado al culto al emperador que era designado con el sugestivo título de "ho agathós daimon tes oikoumenes" (El santo dios (demonio, poder) del mundo -i.e., o de la oikoumene)[44]

Los romanos instalaron sus propios gobernadores clientelares (los reyes herodianos y los sumos sacerdotes de Jerusalén), que controlaban el área e imponían un cada vez más fastuoso estilo de vida al reconstruir o fundar ciudades como Jerusalén, Séforis y Tiberias.

---

[43] Encyclopedia Britannica "Pax Romana! [En línea] en: https://www.britannica.com/event/Pax-Romana
[44] Fabián Ludueña Romandini, *A comunidade dos espectros*: I. Antropotecnia. Florianópolis: Ed. Cultura e Barbarie, 2012: 260

Además del trauma del terrorismo militante, el orden imperial impuesto en Judea y Galilea por los romanos significó múltiples niveles de gobernantes y sus correspondientes exigencias en tributos e impuestos, además de la tradicional carga de diezmos y ofrendas para los sacerdotes y el templo. El impacto del control imperial occidental y los intentos de los regímenes clientelares para integrar a Palestina en la amplia economía imperial romana, amenazaron seriamente la viabilidad y continuación del estilo de vida tradicional en Galilea y Judea.

La globalización romana traducida en **Imperio** no fue favorable a los pobres de la tierra, como no lo es hoy la globalización o mundialización que excluye a los países más pobres de la tierra de los beneficios de nuestro mundo; mundo que es de todos y no de unos cuantos.

CONCLUSIÓN

1. El mundo habitado que menciona la Biblia era la antigua *oikoumene*.
2. Debemos distinguir entre la *oikoumene* humana y la *oikoumene* que Dios traerá.
3. La *pax* romana era una "paz" impuesta con autoridad del poder político y militar, en tanto que la Paz de Jesús es la shalom prometida, asociada al Reino de Dios.

ACTIVIDAD DE REFORZAMIENTO

1. ¿Cuánta posibilidad tiene la iglesia para trastornar el mundo con el evangelio de la paz?
2. ¿Cómo podría la iglesia procurar la paz (la Shalom) con actos concretos a nivel local, nacional, regional y mundial?

CAPÍTULO

14

LA IGLESIA Y LA TRANSFORMACIÓN SOCIAL

Pero, como no los encontraron, arrastraron a Jasón y a algunos
otros hermanos ante las autoridades de la ciudad, gritando:
"¡Estos que han revolucionado el mundo entero
también han venido acá!"

Hechos 17:6 (RVR 1977)

Objetivos del capítulo

1. **Cognoscitivos**. Que el alumno conozca a que se refiere la Biblia cuando habla de todo "el mundo habitado" (la *oikoumene*) y que sepa que debe buscar la transformación social
2. **Actitudinales**. Que desarrolle una actitud de apertura y diálogo con otras confesiones religiosas, así como una actitud crítica frente a los sistemas de gobierno mundial (los imperios), la globalización y el nuevo orden mundial
3. **Operacionales**. Que el alumno elabore propuestas concretas y viables de transformación social en un contexto de globalización y de Dominio imperial.

Base bíblica: Hechos 17: 1-9; Isaías 9:1-7;

1. "ESTOS QUE TRASTORNAN EL MUNDO HAN VENIDO TAMBIÉN ACÁ"

Hechos 17:6 se puede traducir como la hace la Versión Reina-Valera Revisada de 1977 "estos que *han revolucionado* el mundo, han venido también acá[45]. El verbo griego "anastatósantes" puede traducirse como "han levantado" al mundo, que en el contexto literario del pasaje es el mundo romano. Por eso lo acusan al apóstol y a sus compañeros de alterar el orden establecido ya que "todos éstos contravienen los decretos de César, diciendo que hay otro rey, Jesús" (Hechos 17: 7).

El anuncio del Reino de Dios no es el reino de este mundo (Juan 18:38). Es sobrenatural y sobrepuja los Reinos de este mundo por falsa pretensión divinizadora de sus gobernantes. Que los que revolucionaban el mundo de aquel entonces hayan hecho temblar los cimientos del Imperio, dice mucho del carácter transformador del evangelio y de la osadía de los apóstoles.

2. NUESTRA RESPONSABILIDAD SOCIAL

La iglesia que es la continuadora de los apóstoles está llamada a transformar, trastornar o revolucionar este mundo en cuanto sistema organizado. El Nuevo Orden Mundial es un orden que se opone al Orden Divino. La misión de la Iglesia incluye la transformación de la sociedad en la perspectiva del Reino de Dios. La imagen bíblica de los Nuevos Cielos y la Nueva Tierra funciona como un ideal al que debemos llegar. Si bien es Dios quien trae su Reino, nosotros como parte de su pueblo colaboramos con la creación de mejores niveles de vida.

---

[45] oí tén oikouménen anastatósantes outoi kaì entháde páreisin

Este mundo actual, como en la época apostólica, es una sociedad o sistema organizado en contra de Dios y de sus criaturas. Por ello, al colaborar con la construcción de un nuevo mundo, encontraremos oposición por agentes del reino de Satanás. Pero la Biblia dice que debemos resistir al Diablo y él huirá de nosotros.

Los seguidores de Jesús y de la tradición apostólica estamos llamados a promover cambios en la esfera social, económica, política y cultural, como lo hicieron los primeros apóstoles.

El imperio actual no busca el bienestar de todos sino el bienestar de unos pocos. Muchos gobernantes de los imperios de la tierra se han creído dioses y creen que tienen la facultad de decidir sobre la vida de los habitantes del mundo. Precisamente se denomina *Imperio* porque *imponen* su gobierno y quieren imperar en base a la fuerza y poderío militar.

En el contexto del imperio romano y de los gobiernos judíos que estaban al servicio de Roma, Jesús llamó a sus discípulos y les dijo:

> *"Ustedes saben que aquellos a quienes se considera gobernantes, dominan a las naciones como si fueran sus dueños, y los poderosos les hacen sentir su autoridad. Entre ustedes no debe suceder así. Al contrario, el que quiera ser grande, que se haga servidor de ustedes"* (Marcos 10:42-43)

La transformación social que promueve la iglesia se da en un contexto local y al mismo tiempo global. Vivimos bajo un Imperio, pero eso no nos debe amedrentar. Hay otra *oikoumene* que está por venir (Hebreos 2:5) que fue, está siendo y será obra del Mesías. Es el Reino que nos ha prometido y del cual la iglesia es uno de sus agentes o colaboradores.

El modelo de vida cristiana debe ser distinto a aquel que impone el Imperio de turno (Romanos 12:2). La iglesia no se mueve por sagacidad política (o según la correlación de fuerzas) sino por un afán pastoral y de servicio.

La paz que Jesús nos dejó no es la Pax Romana (Juan 14:27) Es la paz de Jesús, la shalóm hebrea.

CONCLUSIÓN

1. Los apóstoles trastornaban la oikoumene del imperio, anunciando el Señorío de Jesús. Proponían que el Reino de Dios había llegado con Jesús y que no había otro Señor aparte de Él. Era Dios mismo encarnado en Jesús el Mesías.
2. Los creyentes tenemos una gran responsabilidad social. Necesitamos transformar las estructuras sociales con el poder sobrenatural del evangelio porque es poder de Dios para salvación a todo aquel que cree.

ACTIVIDAD DE REFORZAMIENTO

1. ¿Cómo imaginas el Nuevo Mundo que Jesús traerá a la Tierra?
2. Discute con tus compañeros el sentido que tiene la palabra *oikoumene* (ecumenismo) hoy y qué relación establecerías con la globalización o mundialización. Señala aspectos positivos y negativos.

CAPÍTULO

15

PRESENCIA APOSTÓLICA EN LAS SOCIEDADES GRIEGAS

Mientras Pablo los esperaba en Atenas, su espíritu se enardecía viendo la ciudad entregada a la idolatría

Hechos 17:16

Objetivos del capítulo

1. **Cognoscitivos**. Que el alumno conozca la realidad de la antigua Grecia y Atenas y vea cómo se hizo misión en la capital de Grecia. Que vea cómo se presentó la unicidad de Dios en un contexto de politeísmo e idolatría.
2. **Actitudinales**. Que adopte una actitud de diálogo con personas a instituciones que tiene creencias distintas
3. **Operacionales**. Que perfile una teología unicitaria en su trabajo misionero proponiendo nuevas estrategias de misión de acuerdo con las exigencias de la época contemporánea

Base bíblica: Hechos 17:16-34;

INTRODUCCION

Antes de todo, con el auxilio de documentos disponibles en la Internet, haremos un poco de la historia. **Atenas**[46] según una leyenda griega debe su nombre a Atenea, diosa protectora nacida de la ca-

---

[46] Civitatis Atenas *"Historia de Atenas"* [en Línea] en: https://www.atenas.net/historia

117

beza de Zeus, cuya historia se confunde con la de la propia Grecia. Los primeros pobladores procedían de distintas etnias de jonios que se establecieron al lado del peñasco que más tarde vería surgir la Acrópolis[47], que se encontraban organizados en reinos.

Según la mitología Cécrope, de origen egipcio, fue el primer rey de la región Ática y al que se atribuye la fundación de Atenas. Hacia el siglo X a.C. sus habitantes se agruparon en doce ciudades y desde el principio Atenas ostentó la supremacía sobre el resto de las Polis.

1. LA POLIS GRIEGA O CIUDAD-ESTADO

Polis es el nombre griego que se les daba a las "ciudades-estado" y que se administraban de manera autónoma. La Polis griega estaba constituida generalmente por una agrupación urbana y el territorio circundante. Se formaban juntando varias familias para lograr una mayor fuerza. A ese acto de juntarse le llamaban **sinecismo** (del griego synoikismós, "juntar las casas" o "habitar juntos".

Atenas fue la ciudad principal de la antigua Grecia durante el primer milenio A. C. La culminación de su larga y fascinante historia llegó en el siglo V A. C., bajo lo que se llamó el *arcontado*[48] de Pericles (llamado Siglo de Pericles), cuando sus valores y su civilización se extendieron más allá de los límites geográficos de la Ciudad-Estado y se hicieron universales[49].

---

[47] Acrópolis proviene del griego ἄκρος akros ('extremo, cima') y πόλις polis ('ciudad'), y hace referencia a la parte más alta de una ciudad

[48] **Arconte** (del gr., ἄρχων árjon) es una palabra griega que significa «gobernante», utilizado con frecuencia como el título de un determinado cargo público en un gobierno.

[49] Cf. Wikipedia, "*Atenas*" Enciclopedia Libre [en línea] en: https://es.wikipedia.org/wiki/Atenas

El pensamiento político, el teatro, las artes, la filosofía, la ciencia, la arquitectura y tantos otros aspectos del pensamiento llegaron a su épico apogeo en una coincidencia temporal con una plenitud intelectual únicas en la historia de la humanidad. Se caracterizó por ser uno de los centros tanto intelectuales como religiosos (junto con Olimpia), ya que aquí se encuentran ubicados *el Templo de Hefesto* (también llamado Hefestion), el *Partenón* (templo dedicado a Atenea) y el Templo de *Zeus Olímpico* o El *Olimpeión* que fue el mayor templo de Grecia (actualmente en ruinas)[50].

El año 510 a.C. puede considerarse el año del nacimiento de la **democracia** en Atenas.

Clístenes reorganizó 1) la asamblea de gobierno (llamada *bulé*[51]) que pasó a tener 500 miembros que representaban a las diez tribus de Atenas, 2) el *areópago*[52], que pasó a tener tres miembros, y 3) el *arcontado*, que llegó a diez. La Asamblea de ciudadanos recibió el nombre de *ecclesia*[53]. Esta asamblea incrementó su número cuando incorporó a extranjeros domiciliados en la ciudad (llamados también *metecos*) y a los libertos (esclavos liberados).

Clístenes pasaría a la historia por la creación de la figura del "*ostracismo*"[54]. Para defender a la democracia de la tiranía, la *ecclesia* tenía el poder de desterrar durante un cierto tiempo a un ciuda-

---

[50] Ibid.

[51] **Bulé** o Boulé es la asamblea parta del gobierno de las ciudades de la antigua Grecia

[52] El **Areópago** fue el Tribunal supremo de la antigua Atenas

[53] La **ekklesía** o ecclesía era la principal *asamblea de la democracia* ateniense en la Grecia clásica. Fue instaurada por Solón en el 594 a. C. y tenía un carácter popular, abierta a todos los ciudadanos varones con 2 años de servicio milita r.

[54] El **ostracismo** es, en la Antigua Grecia, el destierro a que se condenaba a los ciudadanos que se consideraban sospechosos o peligrosos para la soberanía popular.

dano que considerase peligroso para la *soberanía popular*. Mediante un procedimiento totalmente democrático, cada ciudadano emitía un voto secreto en el **Óstracon** (concha de barro) en el que figuraba el nombre del ciudadano al que querían desterrar. El exiliado no perdía jamás la ciudadanía e incluso podía ser perdonado en una nueva votación de la asamblea.

2. LA SOCIEDAD Y CULTURA HELÉNICA DEL PRIMER SIGLO

La antigua Grecia es conocida por sus filósofos, pensadores y escritores, y por su arte y arquitectura. Se la conocía como la Hélade (de donde viene su mención como Helenos). Políticamente la Hélade estaba fragmentada en numerosas polis o Ciudades-Estado independientes entre sí, que unas veces se aliaban y otras se enfrentaban en guerras sangrientas.

La civilización griega tuvo un fuerte desarrollo en el campo filosófico. Se le suele considerar la «cuna de la civilización occidental», ya que sus grandes pensadores fueron los que desarrollaron los primeros conceptos de la filosofía entre los que estaba la concepción de la física del átomo (sin división). Su arte, sencillo, se caracterizó por la construcción de templos con grandes pilares y techos a dos aguas. En la música destacaron sus danzas folclóricas y sus cantos se ejecutaban todos los días en todas sus actividades.

Fue en el marco de la cultura helénica que el apóstol Pablo enardecido por la idolatría y el politeísmo, no desperdició el momento para presentar al único y sabio Dios, nuestro Señor.

Después del incidente de Tesalónica (Hechos 17:1-9) y su visita a Atenas (Hechos 17:16-34), el apóstol Pablo se refirió **Grecia** en su Primera carta a los Corintios y les dijo:

> **La palabra de la cruz es locura a los que se pierden**; pero a los que se salvan, esto es, a nosotros, es poder de Dios. Pues está escrito: Destruiré la sabiduría de los sabios, y desecharé el entendimiento de los entendidos. **¿Dónde está el sabio? ¿Dónde está el escriba? ¿Dónde está el disputador de este siglo? ¿No ha enloquecido Dios la sabiduría del mundo?** Pues ya que, en la sabiduría de Dios, el mundo no conoció a Dios mediante la sabiduría, agradó a Dios salvar a los creyentes por la locura de la predicación. Porque los **judíos piden señales, y los griegos buscan sabiduría**; pero nosotros predicamos a Cristo crucificado, para los judíos ciertamente tropezadero, y para los gentiles locura; más para los llamados, así judíos como griegos, **Cristo poder de Dios, y sabiduría de Dios** (1 corintios 1:18-24)

Helenismo es una palabra que designa especialmente el periodo aproximadamente comprendido desde la muerte de Alejandro Magno (323 a.C.) hasta la muerte de Cleopatra (30 a.C.)

La cultura helénica (griega) es la herencia cultural de la Grecia clásica que recibe el mundo griego a través de la hegemonía y supremacía de **Macedonia**, primero con la persona de Alejandro Magno y después de su muerte con los diádocos o sucesores, los reyes de las tres grandes dinastías e imperios: Ptolemaico, Seléucida y Antigónida (aprox. 281 a.C.).

Estos soberanos supieron conservar y alentar el espíritu griego, tanto en las artes como en las ciencias. Entre la gente culta y de la aristocracia «lo griego» era lo importante y en este concepto educaban a sus hijos. Tal fue el influjo de esta cultura que todo Occidente, incluyéndonos a nosotros en esta parte del mundo, llevamos las marcas de la cultura greco-latina, es decir de Grecia y de Roma.

El esplendor cultural del periodo helenístico se debe a la expansión enorme de la cultura escrita. El periodo clásico ateniense fue la primera etapa gráfica para la cultura literaria y científica, a partir de la adaptación jónico-ática del alfabeto en el s. V en Atenas. Las variantes anteriores se usaban mucho más para la epigrafía [55], pero la cultura literaria era de trasmisión oral mayoritariamente. El helenismo en resumen es la época de las grandes bibliotecas y cuando la cultura griega se hace más fecunda también al contacto con los grandes centros de Babilonia, Asia Menor y Egipto, que le proporcionan aportes científicos extraordinarios. Sin duda una época de gran esplendor.

Nuestro idioma español tiene como base precisamente el idioma griego y el latín.

CONCLUSION

Aprendemos que, para entregar el mensaje en una cultura como la occidental, con influencias filosóficas de distinto tipo, debemos:

1. Establecer un punto de diálogo con los receptores del evangelio (en todo observo que sois muy religiosos...) La adoración a las divinidades es un punto de contacto para hablar del verdadero y único Dios. Este es el mensaje central de la unidad y unicidad de Dios.
2. Cualquier mensaje, aunque esté dirigido a un público ilustrado, no por eso debe dejar de presentar a Jesús, crucificado y resucitado. Un mensaje sin Jesús es una palabrería

---

[55] Técnica de escribir sobre piedra, metal u otro material duro

más. **Crucificado** porque siendo Dios se hizo hombre para acercarse a nosotros. Es la perspectiva encarnacional de la misión. **Resucitado** porque con su resurrección venció la muerte y dio sentido de trascendencia a la vida humana. Sin la resurrección vana es nuestra predicación.

3. Para hacer misión en una cultura diferente a la nuestra, debemos **primero** tener claridad de nuestra creencia o nuestra fe (saber en quién hemos creído) y **segundo**, conocer en parte la cultura receptora: sus creencias (escuelas y corrientes), su literatura (v. 28), su lenguaje o idioma, su arquitectura, su cosmovisión, entre otras cosas.

ACTIVIDAD DE REFORZAMIENTO

1. ¿Qué situación de nuestra cultura mexicana actual se parece a la situación de la antigua Atenas o Grecia?
2. ¿Qué era la *ecclesia* en la antigua Atenas y qué es ahora la *ecclesia*? ¿Cuál es la función de la *ecclesia* en el mundo contemporáneo?

CAPÍTULO 16

TEOLOGÍA DE LA MISION Y UNICIDAD DIVINA

Mientras Pablo los esperaba en Atenas, su espíritu se enardecía viendo la ciudad entregada a la idolatría

Hechos 17:16

Objetivos del capítulo

1. **Cognoscitivos.** Que el alumno conozca la realidad de la antigua Grecia y Atenas y vea cómo se hizo misión en la capital de Grecia. Que vea cómo se presentó la unicidad de Dios en un contexto de politeísmo e idolatría.
2. **Actitudinales.** Que adopte una actitud de diálogo con personas a instituciones que tiene creencias distintas
3. **Operacionales.** Que perfile una teología unicitaria en su trabajo misionero proponiendo nuevas estrategias de misión de acuerdo con las exigencias de la época contemporánea

Base bíblica: Hechos 17:16-34;

1. EL PANTEÓN GRIEGO, EL DIOS NO CONOCIDO Y LA UNICIDAD DE DIOS

Panteón (Πάνθειον) es una palabra griega compuesta que significa "todos los dioses" y se refería al conjunto de dioses de la mitología griega politeísta. El politeísmo (del griego polús [πολύς] = "mucho" y Theós [θεός] ="dios") es un sistema religioso cuyos seguidores creen en la existencia de múltiples dioses generalmente organizadas en una jerarquía y que forman parte de un "panteón".

No es que hacían diferencia entre los diversos nombres de una sola deidad, sino que se trataba de diversos dioses con características individuales claramente identificables por quienes creen en ellos. En el politeísmo cada deidad puede ser honrada e invocada de manera individual dependiendo de los aspectos que se le atribuyan. Era común en los antiguos pueblos politeístas que cada estado o país, incluso cada pueblo tuviera su propio dios.

El monoteísmo, por el contrario, es la creencia en la existencia de un solo y único Dios. El término proviene de dos palabras griegas: monos (μόνος) que significa 'solo', y theos (θέος) que significa 'Dios'.

Las religiones monoteístas más conocidas son el cristianismo, el islam, y el judaísmo. En Occidente, el monoteísmo suele estar dominado por el concepto de Dios de estas tres religiones abrahámicas. En la antigüedad ejemplos históricos de cultos monoteístas, son el culto a Atón del antiguo Egipto liderado por el faraón Akenatón, o a Marduk en Mesopotamia.

Ahora bien, cuando el apóstol Pablo llegó a Atenas, huyendo de Tesalónica por el alboroto de algunos judíos, se encontró con una ciudad politeísta entregada a la idolatría. Examinemos el pasaje de Hechos 17:16-34 para notar algunos detalles sobre el contexto.

- *Al entrar a la ciudad "su espíritu se enardecía viendo la ciudad entregada a la idolatría"* (v.16). Como dijimos Atenas era una ciudad politeísta y el politeísmo es idolatría.

- *Había filósofos de los "epicúreos" y de los "estoicos" que disputaban con él* (v.18). Según la Enciclopedia Filosófica[56] los **estoicos** son la más conservadora de las escuelas helenísticas. Herederos del intelectualismo socrático y la creencia platónica de que todo hombre vive en la sociedad que merece, dedicaron sus esfuerzos teóricos, terapéuticos, didácticos para demostrar que somos libres, responsables y capaces de ser felices gracias a nuestra razón, incluso en un mundo cuyos acontecimientos ya están determinados. Los **epicúreos** (escuela fundada por Epicuro y sus discípulos) combinaron una comprensión atomista de la naturaleza y un *hedonismo* bastante mesurado en el interés de hacer de la filosofía una forma de vida, una terapia que saca al hombre del dolor y lo conduce a la felicidad. Su doctrina se extendió como escuela desde el siglo IV antes de Cristo hasta el primero y desde la Atenas de tiempos de Alejandro hasta la Roma augusta[57].

Los **estoicos** se caracterizaban por su materialismo, su teodicea y por su rechazo de las pasiones y deseos. Los **epicúreos** creían que era sabio escoger los placeres tomando en cuenta lo que podrían acarrear en el futuro. Es decir, que si un placer momentáneo traía mayores sufrimientos en un futuro; lo más sensato era evitarlo. Asimismo, si un sufrimiento momentáneo, traía consigo un placer mayor en el futuro; bien valía la pena padecerlo[58].

- *Creían que Pablo era un <u>predicador de nuevos dioses</u> porque les predicaba el evangelio de Jesús, y de la resurrección* (v.18); *cosa que no entendían*. Por ser politeístas, andaban buscando si tal vez había algún nuevo dios. Por eso Lucas cuenta que tenían un altar al DIOS NO CONOCIDO (v. 23).

---

[56] Lozano Vásquez, Andrea "Estoicismo" en *Enciclopedia Filosófica On Line*: http://www.philosophica.info/voces/estoicismo/Estoicismo.html.

[57] Lozano Vásquez, Andrea "Epicureismo" en *Enciclopedia Filosófica On Line*: http://www.philosophica.info/voces/epicureismo/Epicureismo.html

[58] Cf. Copleston, Frederick. *Historia de la Filosofía* (Tomo I) citado en: http://diferenciaentre.info/diferencia-entre-estoicos-y-epicureos/

- *Estaban interesados en saber qué "novedad" traía Pablo* (v.19) Porque todos los atenienses y los extranjeros residentes allí, en ninguna otra cosa se interesaban sino en *decir o en oír algo nuevo* (v. 21). Inquietud que le sirvió al apóstol para conectar con el mensaje nuevo de Jesús.

- *El mensaje de la Resurrección de Jesús se les hacía extraño* (v. 20) o bien les parecía que les hablaba de dos dioses: la diosa de la salud (Joshua), y la de la resurrección (Anástasis)[59]

LA PREDICACIÓN UNICITARIA DE SAN PABLO EN EL AREÓPAGO

Ya en el areópago el apóstol habla de Jesús y de su resurrección refiriéndose obviamente al Jesús exaltado, Dios mismo. *"El Dios no conocido, al que vosotros adoráis, pues, sin conocerle, es a quien yo os anuncio"*. Dice esto como indicando que ya en parte han intuido acerca del Dios eterno y que sólo le falta arrepentirse (v. 30) y creer en él.

> El **Dios** que hizo el mundo y todas las cosas que en él hay, siendo **Señor** del cielo y de la tierra, no habita en templos hechos por manos humanas, ni es honrado por manos de hombres, como si necesitase de algo; pues **él es quien da a todos vida y aliento y todas las cosas** (v. 25).

Está hablando de Dios como **Señor** (dueño absoluto) creador de todo, del **único Dios** a diferencia de los dioses cuasi humanos que ellos adoraban. Que no habite templos hechos por manos humanas significa que está más allá de toda religión. Además, no necesita que alguien lo honre. Él es la Vida misma y el que da vida a todas las cosas.

---

[59] Según en *Comentario Bíblico de Jerónimo*, Volumen 2, pág. 199

Se trata de *una visión unicitaria (monoteísta) de la divinidad* que contrasta con el politeísmo idólatra de los atenienses. Jesús es el Dios que se relaciona con los hombres, que se ha dado a conocer y está cercano (v. 27) (en Jesús Dios se hizo cercano) por eso en Él —sin darnos cuenta—nos movemos y somos. Es decir, nuestra misma existencia no tendría sentido sin Dios.

> Siendo, pues, linaje de Dios, no debemos pensar que la Divinidad sea semejante a oro, o plata, o piedra, escultura de arte y de imaginación de hombres. Pero Dios, habiendo pasado por alto los tiempos de esta ignorancia, ahora manda a todos los hombres en todo lugar, que se arrepientan (vv. 29-20)

El hecho que Dios no esté lejos y que se haya acercado en Jesús, no significa que lo vamos a comparar con uno de los dioses del Panteón Griego. Siendo, pues, linaje de Dios, no debemos pensar que la Divinidad sea semejante a oro, o plata, o piedra, escultura de arte y de imaginación de hombres (v. 29). Este mensaje es un golpe certero y contundente contra a la idolatría, hedonismo y materialismo de estoicos y epicúreos.

2. EL MENSAJE PAULINO EN LA SOCIEDAD ATENIENSE COMO MODELO DE MISION

De esta manera podemos concluir que el mensaje paulino en el areópago ateniense, siendo un mensaje unicitario, se convierte en modelo de evangelización entre los sectores cultos de la sociedad. Los académicos, sabios, entendidos, gustan de debates y discusiones racionales, pero pocas veces pueden aceptar el mensaje glorioso de la resurrección.

En la actualidad los que se especializan en misiones hablan de varios modelos de hacer misión. Entre ellos el *"modelo evangelizador"* proselitista que pone énfasis en ganar almas, pero desencarnado de la realidad; el *"modelo civilizador"* que, a diferencia del anterior, pone énfasis en la construcción de una nueva sociedad, pero a veces descuida la evangelización como medio para salvar almas. Sin embargo, el modelo por excelencia es el modelo de Jesús de Lucas 4:18-21. Se trata del *"modelo de misión integral"* de Jesús que incluye todos los aspectos de la vida como un desarrollo *total* de la persona y de la sociedad. Este es el modelo encarnacional instaurado por Jesús, el maestro de Galilea. Por esa razón, COMIMEX, Cooperación Misionera de México, entidad dedicada a promover misiones desde México, expone así sus motivos "encarnacionales".

COMIMEX fomenta esfuerzos misioneros transculturales que, como ideal:

- Estén enfocados hacia las **etnias** aún no alcanzadas con el evangelio.
- Sean **encarnacionales** de acuerdo con el ejemplo de nuestro Señor Jesucristo (Juan 1:14), donde los misioneros viven en comunidad con los que desean alcanzar con el evangelio (pero reconociendo que esto no es factible en todos los casos).
- **Empiecen, florezcan y terminen** fuertemente apoyados en oración y guiados por el Espíritu Santo.
- Tengan un **compromiso** a largo plazo.
- Utilicen **personal bien adiestrado** en adaptación cultural y aprendizaje del idioma.
- Estén **basados en la totalidad de la Palabra de Dios** (II Timoteo 3:16, Hechos 20:27).

- Utilicen prioritariamente la **lengua materna de la gente** y las santas escrituras en su idioma (fomentando su traducción cuando estos aún no existan).
- Busquen **adecuar los medios y métodos** con los que se presenta el mensaje al contexto cultural local, sin desviarse de la esencia del mensaje bíblico.
- Promuevan el desarrollo de una **expresión autóctona de la fe cristiana bíblica**, incluyendo sus formas y estilos de adoración, música, evangelismo, organización y enseñanza.
- Busquen **establecer iglesias auto-sostenidas y autogobernadas**.
- Busquen como su fin ver el desarrollo de **un movimiento de plantación de iglesias** con suficiente fuerza para seguir evangelizando a la etnia sin intervención desde afuera.[60]

CONCLUSION

Aprendemos que, para entregar el mensaje en una cultura como la occidental, con influencias filosóficas de distinto tipo:

1. No debemos negarnos a discutir si se da el caso y debemos explicar --si es posible científicamente o en un lenguaje sencillo-- en quien hemos creído y cuál es el significado de nuestra fe. Como aconseja el apóstol Pedro debemos estar siempre listos para responder a todo el que les pida razón de la esperanza que hay en nosotros, haciéndolo con mansedumbre y reverencia. (1 Pedro 3:15)
2. Debemos estar conscientes también que no siempre tendremos un éxito total, y que mucha gente, nos despreciará y se burlará de nuestro mensaje (v. 32).

---

[60] http://www.comimex.org/about/declaracion-misionologica/

3. No obstante, sabemos que de alguna forma nuestra osadía llevará algún fruto digno. De todos modos, el apóstol se ganó a alguno cuantos: "Mas algunos creyeron, juntándose con él; entre los cuales estaba **Dionisio** el areopagita, una mujer llamada **Damaris**, y **otros** con ellos" (v. 34). Dionisio debió haber sido un participante regular de estas discusiones filosóficas en el Areópago. Según el historiados Eusebio[61] "al menos un intelectual creyó, y añade que llegó a ser el primer obispo de Atenas y Corinto". Si esto es verdad, ¡fue un gran logro! Por otra parte, Damaris debió haber sido una mujer muy importante para estar con los hombres participando del areópago. Súmenle a ello que "otros" también creyeron. La Palabra de Dios es eficaz.

"Porque como desciende de los cielos la lluvia y la nieve, y no vuelve allá, sino que riega la tierra, y la hace germinar y producir, y da semilla al que siembra, y pan al que come, así será mi palabra que sale de mi boca; no volverá a mí vacía, sino que hará lo que yo quiero, y será prosperada en aquello para que la envié",
dice el Señor. (Isaías 55: 10-11)

ACTIVIDAD DE REFORZAMIENTO

1. ¿En qué tipo de dios o dioses cree la gente hoy? ¿Creen en el Dios de la Biblia? ¿Hay politeísmo en nuestro país? ¿Quiénes practican el monoteísmo?
2. Si tuvieras que predicar en una universidad, sabiendo que muchos siguen corrientes muy diversas como el materialismo o el idealismo, el hedonismo y el abstencionismo, ¿cómo lo harías?

---

[61] Eusebio, *Historia Eclesiástica*, 3:4:6-7; 4:23:6,

3. Si tuviéramos que comparar con los antiguos ¿De qué dioses estaría poblado el panteón mexicano?

BIBLIOGRAFIA

- ASENSIO, F. *El Dios de la luz: Avances a través del A. T. y contactos con el N. T.*, «Analecta Gregoriana», 90 Roma: Gregorian & Biblical Press, 1958.
- BONSIRVEN, J. *Cartas de San Juan*, Madrid 1966
- BRITANNICA, Encyclopedia **"Pax Romana"** [En línea] en: https://www.britannica.com/event /Pax-Romana
- CAMPOS, Bernardo. *El Principio Pentecostalidad. La unidad en el Espíritu, Fundamento de la Paz.* Oregón, EUA: Kerigma Publicaciones, 2016
- CIVITATIS Atenas *"Historia de Atenas"* [en Línea] en: https://www.atenas.net/historia
- *COMENTARIO BÍBLICO DE JERÓNIMO*, Volumen 2, pág. 199
- *CONGRESO DE EVANGELIZACIÓN LAUSANA III*. Ciudad del Cabo, 2010.
- COPLESTON, Frederick. *Historia de la Filosofía* (Tomo I) citado en: http://diferenciaentre.info/diferencia-entre-estoicos-y-epicureos/
- D.S.P. *Contexto político, social, cultural y religioso de palestina en tiempos de Jesús* publicado en Hágase la Semana Santa [En línea] en: http://cofrades.sevilla.abc.es/profiles/blogs /contexto-politico-social (consultado el 19.09.2017)
- DE CESAREA, Eusebio, **Historia eclesiástica**. Buenos Aires: Editorial Nova, 1950
- DEL GORRO CALDERON, G. *"Luz y Tinieblas"* [en el evangelio de Juan], en línea en: http://www.mercaba.org/ Rialp/L/luz_y_tinieblas.htm
- DEMPSTER, Murray W. "The Church's Moral Witness: A Study of Glossolalia in Like´s Theology of Acts". Paraclete: *A Journal of Pentecostal Studies 23* (1989): 5
- DICCIONARIO BÍBLICO *"Tinieblas"* en. http://www.wikicristiano.org/diccionario-biblico/significado/tinieblas [descargado el 16.09.2017].

- DUNN, James D. G. *El cristianismo en sus comienzos* Tomo II / Volumen 1 Comenzando desde Jerusalén. Pamplona: Ed. Verbo Divino, 2009: 27-29, 171ss
- *ÉFESO*. en: https://es.wikipedia.org/wiki/Efeso
- FENSHAM, J. "Widow, Orphan the Poor in Ancient Legal and Wisdom literatura": JNES 21(1962) 129-139 citado por Xabier Pikaza, "Amor a los huérfanos, viudas y extranjeros en el AT" El camino de la Palabra 21. *La revista cristiana de Hoy* [en línea] http://blogs.21rs.es /pikaza/2012/11/08/amor-a-los-huerfanos-viudas-y-extranjeros-en-el-at1/ (consultado el 19.09.2017)
- GRUNBLATT, Tzví (Rabino) "Las tres plegarias diarias" Extraído de *Mi Plegaria* Editorial Kehot. http://www.jabad.org.ar/biblioteca/de-la-vida/desarollo-personal/las-tres-plegarias diarias/
- IAFCJ, "Capítulo Segundo, Principios doctrinales, Artículo 5. Unicidad Divina*" Constitución de la Iglesia Apostólica de la Fe en Cristo Jesús 2016*. México, IAFCJ, 2016
- JOSEFO, Flavio. *La Guerra de los Judíos*. Vol. I. México: Editorial Porrúa (6ta Edición) 2008.
- JOSEFO, Flavio. *Antigüedades de los judíos*, Libro XX, Capítulo II, 5.
- LAUSANA, *Pacto de Congreso para la Evangelización Mundial*, Lausana, Suiza, 1974
- LOZANO VÁSQUEZ, Andrea "Epicureismo" en *Enciclopedia Filosófica On Line*: http://www .philosophica.info/voces/epicureismo/Epicureismo.html
- LOZANO VÁSQUEZ, Andrea "Estoicismo" en *Enciclopedia Filosófica On Line*: http://www. philosophica.info/voces/estoicismo/Estoicismo.html.
- Ludueña Romandini, Fabián. *A comunidade dos espectros: I. Antropotecnia*. Florianópolis: Ed. Cultura e Barbarie, 2012
- MAZZEI ALFONZO, Jesús E. *Orígenes y fases de la globalización* en: *Periódico EL UNIVERSAL* (Edición Digital) Caracas, jueves 24 de noviembre, 2011.

- MONZÓN MOTA, Jimmy. Emanuel "*Situación Cultural y Religiosa en los Tiempos de Jesús*" en línea en: https://prezi.com/4pruqs6e 40td/situacion-cultural-y-religiosa-en-los-tiempos-de-jesus/ [Descargado el 18.09.2017]
- NELSON, Wilton *Nuevo Diccionario Ilustrado de la Biblia*. Nashville, Tennessee: Caribe, 2000
- SCOTT, Carlos "La Misión transcultural" en *Protestante Digital* [en Línea] en: http://protestantedigital.com/ magacin/13692/La_Mision_Transcultural [descargado el 18.09.2017]
- *Secretaría de Asistencia Social* en la ágina oficial de la Iglesia Apostólica de la Fe en Cristo Jesús (IAFCJ): http://www.iafcj.org/asistencia-social.
- STEGEMANN, W, Ekkehard y Stegemann, Wolfgang. *Historia social del cristianismo primitivo. Los inicios en el judaísmo y las comunidades cristianas en el mundo mediterráneo*. Navarra: Ed. Verbo divino, 2001: 444.
- STRONSTAD, Roger. *La Teología Carismática de Lucas*. Miami, Florida: Editorial Vida, 1994: 58
- THEISSEN, Gerd. *Sociología del Movimiento de Jesús: El nacimiento del cristianismo primitivo*. España: Ed. Sal Terrae, 1979:13-14
- UNESCO, "*Transformaciones sociales*" [En línea] en: http://es .unesco.org/themes/transformaciones-sociales
- UNGER, Merrill F. & White, William (eds.), *Diccionario Expositivo de palabras del Antiguo Testamento*. Nashville: Thomas Nelson, Inc. 1984
- Wikipedia, "Atenas" *Enciclopedia Libre* [en línea] en: https://es.wikipedia.org/wiki/Atenas
- ZORRILA, Hugo C. *La Fiesta de Liberación de los oprimidos. Relectura de Jn. 7:1-10.21*. San José, Costa Rica: SEBILA, 1981